医疗机构按病种分值付费（DIP）操作实战

主 编 应亚珍 袁向东

编 委（按姓氏笔画排序）

马路宁	王 蕾	王雨欣	文政伟	尹龙燕
伍俊妍	刘晓琦	孙晓芳	李 超	李佳婧
吴志明	应亚珍	辛一琪	张 萍	陆 艳
欧 凡	罗小兰	郝 黎	姚 瑶	袁向东
旋妮玲	彭 蔚	曾旖旎	谢岱仪	詹俊琳
熊 莺	熊森林			

人民卫生出版社

·北京·

图书在版编目（CIP）数据

医疗机构按病种分值付费（DIP）操作实战 / 应亚珍，
袁向东主编 . —北京：人民卫生出版社，2023.11
　ISBN 978-7-117-34910-9

　Ⅰ. ①医…　Ⅱ. ①应…②袁…　Ⅲ. ①医疗保险 — 医
疗费用 — 研究 — 中国　Ⅳ. ① F842.684

中国国家版本馆 CIP 数据核字（2023）第 111140 号

人卫智网	www.ipmph.com	医学教育、学术、考试、健康，购书智慧智能综合服务平台
人卫官网	www.pmph.com	人卫官方资讯发布平台

医疗机构按病种分值付费（DIP）操作实战
Yiliao Jigou an Bingzhong Fenzhi Fufei（DIP）Caozuo Shizhan

主　　编：应亚珍　袁向东
出版发行：人民卫生出版社（中继线 010-59780011）
地　　址：北京市朝阳区潘家园南里 19 号
邮　　编：100021
E - mail：pmph @ pmph.com
购书热线：010-59787592　010-59787584　010-65264830
印　　刷：北京顶佳世纪印刷有限公司
经　　销：新华书店
开　　本：787 × 1092　1/16　　印张：12
字　　数：209 千字
版　　次：2023 年 11 月第 1 版
印　　次：2023 年 11 月第 1 次印刷
标准书号：ISBN 978-7-117-34910-9
定　　价：78.00 元

打击盗版举报电话：010-59787491　E-mail：WQ @ pmph.com
质量问题联系电话：010-59787234　E-mail：zhiliang @ pmph.com
数字融合服务电话：4001118166　　E-mail：zengzhi @ pmph.com

序

习近平总书记在党的二十大报告中强调,"高质量发展是全面建设社会主义现代化国家的首要任务"。医保支付方式改革是推进医保高质量发展的重要内容,是医疗保障制度不断完善、医保基金使用效率提高的重要举措,也是促进公立医院在内的医疗机构高质量发展的必然要求。为持续推进医保支付方式改革,党中央、国务院进行了统筹规划和顶层设计,相继出台《中共中央 国务院关于深化医疗保障制度改革的意见》《"十四五"全民医疗保障规划》等指导文件,要求建立管用高效的医保支付机制,通过《DRG/DIP支付方式改革三年行动计划》加快推进DRG/DIP支付方式改革,协同推进医疗机构配套改革。医疗机构处于医保支付方式改革中承上启下的关键位置,是破解看病难、看病贵问题的具体执行者,直接关系到人民群众就医的获得感、幸福感,需要将支付改革下的医保管理提升到战略发展地位。

广州市是在全国率先推行按病种分值付费(Diagnosis-Intervention Packet,DIP)支付方式改革并取得了良好成效的地区。故本书汇聚了众多广州市高水平医疗机构管理专家,借鉴全国医院现代化管理先进经验,帮助已实施或即将实施DIP的医疗机构"破题"DIP,共享改革红利。我们力求将复杂生僻的专业术语转化为易于理解的实操内容,并将共性的DIP支付方式的运行经验凝练成可借鉴、可参考的工作模式。该书内容操作性强,具有良好的实际应用价值。

勠力同心、坚定不移地推动医保支付方式改革,需要扎实稳健的组织架构做支撑和旗帜鲜明的考核机制来激励。2021年,广东省开展定点医疗机构医保医药服务评价,构建了覆盖医保医药服务全程的评价机制,提升了医保高质量发展的内生动力。基于本土实战经验,本书创新性地提出了DIP支付方式下医疗机构医保、医务、药学、医疗器械、财务、信息,以及临床科室管理MTD模式的理论解读和实施方案,力图破除行政壁垒,强化协同配合。

新时代赋予新使命，新使命呼唤新作为。本书围绕医保高质量发展的新考题建言献策，认真贯彻落实党的二十大精神，展现中国特色的医保支付改革成果与实践经验，协助促进医保、医疗、医药的协同发展与治理，切实提升人民群众医保获得感。衷心期望，翻阅此书的医疗机构 DIP 相关工作人员常看常新、常思常进、常践常得。

首都医科大学国家医疗保障研究院院长

2023 年 5 月 20 日

前　言

医保支付机制是调节医疗服务供给、保障人民群众获得优质医药服务、提高医保基金使用效率的经济杠杆,其改革举措是医疗保障高质量发展的重要组成部分。在党中央、国务院对医保改革发展的顶层设计下,按病种分值付费(Diagnosis-Intervention Packet,DIP)作为中国特色的医保支付方式在全国快速推进,发挥着"牛鼻子"作用,引导医疗资源配置、医疗机构管理和服务行为,激励医疗机构管控资源消耗,优先选择使用质优价廉的药品、耗材和技术,从而降低参保病人医疗费用负担,提升医保基金使用效能,改革效果可期。

定点医疗机构是我国医疗服务的供给主体,其服务行为直接关系人民群众看病就医的质量、安全和经济负担。在支付方式改革中,医院协同推进,优化基础数据质量、及时传输病案信息、转变运行机制,直接关系到支付方式改革实施效果。2018 年,广州市率先在区域总额预算下试行 DIP 支付方式,并取得良好成效。因此,广州市医疗机构协同推进积累了一套行之有效、多方共赢的具体做法。

为了弥合医院管理层和医保管理部门之间对 DIP 医保改革政策和实战技巧方面的信息差,本书汇聚了 DIP 改革研究和实践领域的相关专家,基于广州市DIP 支付模式丰富经验,总结个性,提炼共性,汇集各三甲医疗机构在推进 DIP时各科室的具体管理措施,旨在解决院科两级管理普遍存在的差异化问题。本书第一章为 DIP 支付方式政策解读,把 DIP 专业术语用简单、平实的语言转化为医疗机构管理者易于理解并可实际操作的内容。第二章,提出了 DIP 付费医疗机构内部多学科团队(Multidisciplinary Team, MDT)模式,即主管院领导 + 各职能部门组成行政 MDT 等创新性论述,为医疗机构应对 DIP 提供整体实战策略。DIP 在医疗机构实施是一项系统性工程,这不仅是医保管理部门的独立工作,也需要临床科室和相关职能部门通力配合。第三至十章节分别为医保、临床、医疗、病案、信息、财务、药学、医用耗材方面的管理实施细则,提炼总结了医保 DIP 运行经验和模式。

本书的出版致力于回答在现行医疗体制下，医疗机构如何重构内部运行机制，让 DIP 改革红利转化为医疗机构、医保高质量发展的助推器，使医保高质量发展转化为医疗机构转型、发展、升级的内在动力。如果您是正在或将要实施 DIP 支付方式的医疗机构管理者，可以从本书中汲取医保 DIP 管理的整体方案和实战经验；如果您是医院管理方向的研究者，则可从中观察到医院在医保领域中的部分微观运行规律，两者皆有裨益。

蓝图绘就，正当扬帆破浪；重任在肩，更须策马加鞭。医保支付方式改革及与之协同的医院精细化管理都在不断发展完善的道路上。我们不仅要做改革的见证者，也要做改革的实干家，积极投身于中国特色健康保障服务体系建设的新征程，为医保、医疗、医药协同发展和治理，保障人民健康贡献一份力量。

本书的出版得到了广大同仁的大力支持，在此深表感谢！出版专著分享知识，责任重大，编委会撰写此书时力求做到科学、严谨、准确，但字词图表仍难免错漏，敬请读者和同行不吝指正，以日臻完善。

秦向东

2023 年 5 月 10 日

目 录

第一章

DIP 支付方式政策解读

　　为构建中国特色医疗保障制度,《中共中央 国务院关于深化医疗保障制度改革的意见》(中发〔2020〕5 号)明确了改革发展目标,即到 2025 年,医疗保障制度更加成熟定型,基本完成待遇保障、筹资运行、医保支付、基金监管等重要机制和医药服务供给、医保管理服务等关键领域的改革任务。深化医保支付方式改革是党中央、国务院作出的重要决策部署,也是医疗保障制度自身发展完善、不断提高医保基金使用效率的重要举措。按病种分值付费改革实施以来,在党中央、国务院的坚强领导下,各地 DIP 支付方式改革快速推进,参保病人自费负担降低,医保基金使用效能提升,医疗机构内部运行机制重构,改革成效显著,充分体现了中国特色医疗保障制度优势。DIP 作为一种在理念和操作方法上符合中国国情,并能客观反映临床现实的中国特色医保支付方式,对于发挥医疗保障的合理性、公平性,实现医疗卫生服务的可及性、可负担、安全性有重要作用。本章主要阐述 DIP 相关的基本概念,包括适用范围、病种组合、核心病种、综合病种、分值等内容,希望能帮助读者对 DIP 支付方式改革政策建立基本认识。

第一节　DIP 的基本概念和适用范围

一、DIP 的基本概念

　　按病种分值付费(Diagnosis-Intervention Packet,DIP)是基于医保大数据中一

定区域范围内的全样本病例数据,发掘"疾病诊断 + 治疗方式"的共性特征,对病案数据进行客观分类,构建每一个疾病与治疗方式组合的标准化定位,并以此为基础进行打包付费的医保支付方式。该支付方式客观地反映了疾病严重程度、治疗复杂程度、资源消耗水平与临床行为规范水平。

把 DIP 使用医保疾病诊断编码前 4 位和手术操作编码进行聚类,形成主目录;以 15 例为病例数量临界值,主目录区分为核心病种 11 553 组,综合病种 2 499 组。在 DIP 支付方式下实际付费过程中,根据病案数据库和医疗机构反馈,病组分值库不断合并、更新、完善。以广州市为例,2022 年 DIP 支付方式下核心病种合并为 5 843 种,中医优势病种 169 种,综合病种 1 852 种,病种组合大幅度减少。通过对高质量、符合客观实际的大数据进行真实世界研究,DIP 支付方式能够实现对医疗卫生服务满足"随机""均值"的定价模式,相对合理地评估医疗卫生服务成本。最终,医保经办机构可基于病种分值建立支付标准,对医疗机构每一病例实现标准化支付。

二、DIP 支付方式的适用范围

在宏观层面,DIP 支付方式适用于医保治理、基金监管、医院管理等领域。DIP 不仅是一种预付费的支付方式,更是一种适用于评价、调控、激发医疗机构医保管理内生动力的管理机制与治理模式,符合公开、透明的现代管理特性,有利于将医疗保障制度改革、医疗卫生服务改革推向纵深。

在微观层面,住院 DIP 支付适用于医疗保险参保人员在定点医疗机构住院发生的医疗总费用的结算。未来,随着门诊病历及信息化程度的完善,DIP 还可以用于门诊疾病分组和支付。

第二节　病种组合的确定

一、数据基础

病种组合（Diagnosis-Intervention）以"疾病诊断 + 治疗方式"为组合依据,综合衡量这一组合的疾病消耗与难易程度,是 DIP 支付的基础构成。其中,疾病诊断的编码标准为《医疗保障疾病诊断分类及代码（ICD-10 医保 V1.0 版）》,治疗方式的编码标准为《医疗保障手术操作分类与编码（ICD-9-CM3 医保 V1.0 版）》。

如前文所言,高质量、大范围的历史数据是病种组合的基础,能够相对有效地评估医疗卫生服务成本。其中,涉及的数据类别包括参保人的人口学变量及个人基本信息、住院诊疗相关信息、医疗费用结算相关信息。历史数据使用的前提是数据采集的及时性、完整性、合理性及规范性。当数据的规范性及合理性出现偏差时,应结合病案数据的实际情况进行逻辑分析并予以校正,对于不能校正的数据应当予以剔除,以降低数据偏差所造成的混杂。

二、DIP 目录库

DIP 目录库(DIP Grouping Database)是以"疾病诊断 + 治疗方式"为组合进行穷举与聚类所形成的基础库,分为主目录和辅助目录,是支撑 DIP 支付方式常态化应用的基础(图 1-1)。

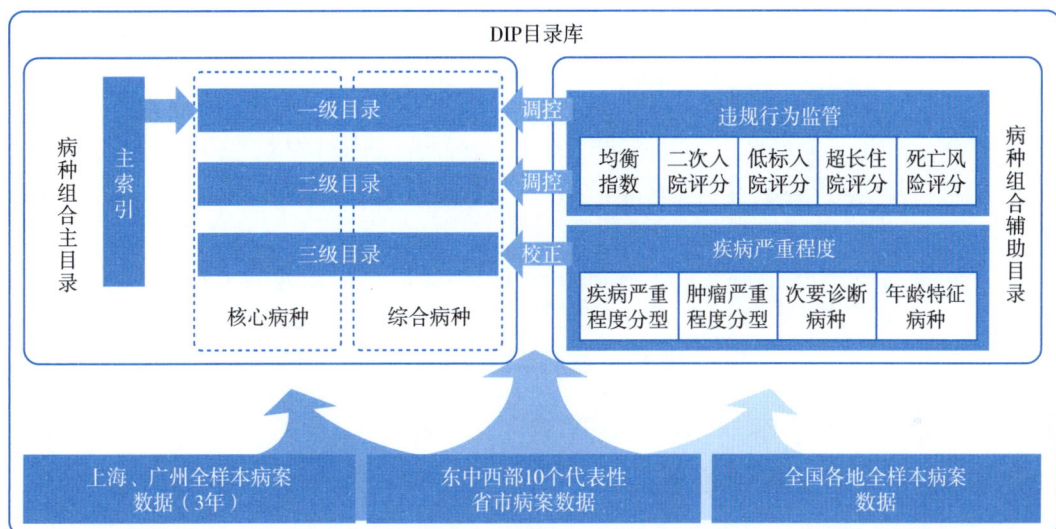

图 1-1　DIP 目录库

(一)主目录

主目录是对疾病与治疗方式的共性特征的提炼,是 DIP 目录库的核心构件,包括主目录分级、主索引。

1. **主目录**　其分级为三级目录、二级目录、一级目录。三级目录作为基础分组,目的在于将医疗资源消耗相近的病种进行聚类,形成打包付费的基础,主要用于医保支付、合理补偿的微观层面。二级目录是对三级目录的归类、收敛、叠加,为诊断相同但治疗方式不同的组合,提供了诊治难易程度的适宜性选择。一级目录为二级目录基础上的再度归类、收敛,与《医疗保障疾病诊断分类及代码(ICD-10 医保 V1.0 版)》类目的前三位吻合,其现实作用主要服务于医保基金的

3

宏观调控。主目录的组成要素详见图 1-2。

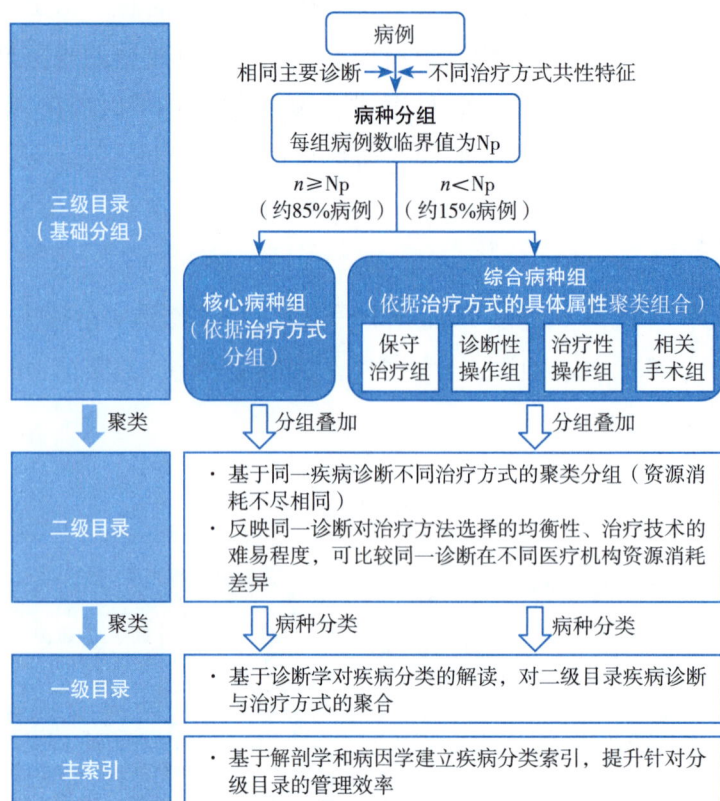

图 1-2　主目录的组成要素

2. **主索引**　基于解剖学和病因学建立的 DIP 疾病分类，用于提高主目录管理效率及提升可视化展示效果。

（二）辅助目录

辅助目录是通过提取诊断、治疗、行为规范等的特异性特征得到的，用于校正疾病严重程度及违规行为造成的支付失真。

辅助目录具体包括疾病严重程度的辅助目录和违规行为监管的辅助目录。其中，疾病严重程度的辅助目录涵盖：CCI 指数（Comorbidity and Complication Index）、疾病严重程度分型、肿瘤严重程度分型、次要诊断病种、年龄特征病种。违规行为监管的辅助目录涵盖：病案质量指数、二次入院评分（Rating of Secondary Admission，RSA）、低标入院评分（Rating of Low-RW Admission，RLA）、超长住院评分（Rating of Long Length of Stay，RLLOS）、死亡风险评分（Risk of Mortality，RM）。目前，辅助目录为国家 DIP 技术规范中的顶层设计。辅助目录涉及的指标及系数等内容，各地在实际操作过程中存在因地制宜的区别。

三、核心病种与综合病种

核心病种与综合病种均采用医保版疾病诊断编码前 4 位（ICD-10）和手术操作编码（ICD-9-CM-3）进行聚类，以例数临界值的方式区分，临界值之上的病种作为核心病种直接纳入 DIP 目录库，而处于临界值之下的作为综合病种再次收敛。基于目前已有的真实病案数据，例数临界值为 15 例。

核心病种（Core DIP Grouping Database）是聚类后病例数量大于等于 15 例（临界值）的病种。以具体的疾病治疗方式进行详细分组，最终形成核心病种近 11 553 组。

综合病种（Mixed DIP Grouping Database）是聚类后病例数量小于 15 例（临界值）的病种。综合病种按照保守治疗、诊断性操作、治疗性操作、相关手术等不同治疗方式性质分别进行聚类组合，形成综合病种 2 499 组。

第三节　病种分值的确定

一、病种分值的计算方式

DIP 病种分值（Related Weight，RW），是每一个病种组合的资源消耗程度被赋予的权值，是疾病的严重程度、治疗方式的复杂与疑难程度的相对体现，病种分值这一概念与疾病诊断相关分组（Diagnosis Related Groups，DRGs）中的相对权重相似。RW 值越高，反映该病种的资源消耗越高，反之则越低。

RW 计算公式为：

$$RW_i = m_i/M$$

其中，M 为全部病例平均住院费用，m_i 为第 i 类病种组合内病例的平均住院费用，以近 3 年的数据按照时间加权的形式计算该费用均值。如当前年度为 2019 年，则采用前三年的历史数据，按照 2016 年：2017 年：2018 年 =1：2：7 的比例进行测算。

依据 RW 值的计算方法与思路可分解测算出 DIP 药品分值（Drugs Related Weight，dRW）和 DIP 耗材分值（Medical Consumables Related Weight，cRW），其测算公式与 RW 计算公式相类似，RW 计算公式的分子、分母同时替换为相应的药品费用或耗材费用，以进一步衡量费用结构的合理性，细化对医疗资源消耗的评价与分析。

RW 值由历史大数据的计算所得,真实、客观的全量数据天然具备校正抽样误差的作用,反映客观情况。然而,既往处于医疗卫生服务改革阶段的现实数据存在医疗服务价格未能体现劳动价值、医疗卫生服务未能合理补偿等现实问题。以既往历史数据为基础进行 RW 值计算并挂钩医保支付,难免存在一定程度的偏差。合理的校正机制包括:完善专家评议机制及畅通沟通协商机制,合理融合临床专家、医疗机构意见,动态调整,不断完善。

二、DIP 支付相关系数

DIP 的实际支付标准主要参考病种分值、费用偏差系数和费率。费率是分值的付费标准,费率的计算方法为区域内当年医保基金可用于 DIP 付费的总额除以区域内定点医疗机构年度分值总和。因此,实际运行过程中,每一年度结束时医保方可测算出当年度的费率。费率的计算方式为:

$$费率 = \frac{区域内当年医保基金可用于 DIP 支付的总额}{区域内定点医疗机构年度分值总和}$$

经过个体特异变化校正后,仍会有部分费用异常病例,需要建立异常病例筛选机制,确定合理的权重系数并对支付费用进行调整。实际医疗费用可能在病种分值费用标准上下浮动,因此医保管理部门采用费用偏差系数确定实际支付分值、费用偏差病例。费用偏差系数的计算方式为:

$$费用偏差系数 = \frac{该病例实际医疗费用}{同级别定点医疗机构相应病种分值费用标准}$$

不同偏差系数区间对应的支付分值计算公式见表1-1。由费用偏差系数确定的费用偏差病例,是医院医保管理的重点关注对象。费用偏差病例包括费用极低病例与费用超高病例。

表 1-1　费用偏差病例与实际支付

偏差系数区间	支付分值计算	费用偏差病例
偏差系数≤0.5	偏差系数 × 该病种分值	费用极低病例
0.5<偏差系数≤2	调控区间,根据各地医保支付政策调整	
偏差系数>2	[(偏差系数 −2)+1] × 该病种分值	费用超高病例

费用异常病例支付标准参照如下公式计算:

费用异常病例支付标准 = 费用异常病例病种分点值系数 × 结算点值 × 病种组合分值

第四节　DIP 与医保基金使用监督

医保管理部门作为民生保障的重要组成部门,医保基金是全国基本医疗服务最大的支付方,更是全体参保人共济形成的"蓄水池",医保基金的安全使用,关系到全体参保人的切身利益。

《医疗保障基金使用监督管理条例》(以下简称《管理条例》)自 2021 年 5 月 1 日起施行,意味着 DIP 支付除了控制医疗费用增长,倒逼医疗机构精细化管理以外,更附加了法律属性。《管理条例》明确规定了医保基金违规使用行为:"不得产生分解住院、挂床住院,过度诊疗、过度检查、分解处方、超量开药、重复开药、重复收费、超标准收费、分解项目收费等行为",并规定"违反管理条例中明令禁止的行为,将视不同违约情形及违约的轻重程度,依法采取惩治措施:责令整改、约谈有关负责人、依法处分、退回医保基金、罚款、暂停医保服务协议、解除医保服务协议、吊销执业资格,违反其他法律、行政法规的移交相关部门处理等。"上述违反管理条例的行为应受到医疗机构、医疗从业人员高度警惕。

参考文献

首都医科大学国家医疗保障研究院. 国家医疗保障按病种分值付费(DIP)技术规范[EB/OL].(2020-10)[2023-3-20] http://www.enshi.gov.cn/zybj/jlhd/dczj/202206/P020220614443698992620.pdf

第二章

医疗机构实施策略

国家医疗保障局成立以来,在持续打击欺诈骗保,推进医保支付方式改革,深化药品耗材集中带量采购制度改革,推进医院管理标准化和信息化建设等方面取得了显著成绩。2020年10月,国家医保局正式发文,明确开展DIP试点工作。DIP作为医保支付方式改革的重要组成部分,是我国基于中国国情对支付方式的合理探索,是目前按病种付费改革的主要方向。医疗机构在面对全新的医保支付方式改革中,需要明确管理思路,找到发展方向。

第一节　DIP 支付的特点和作用

一、DIP 支付的特点

医疗机构作为医保 DIP 支付的具体实施机构,要主动学习 DIP 实施方案,理解 DIP 支付的特点,了解医疗保障制度改革方向。

1. **体现支付方式改革方向**　DIP 支付通过医保战略性购买,调控引导医疗机构供给侧结构性改革,提高医保基金使用效率,提升医保基金管理透明度。

2. **符合国情,利于推广**　DIP 病种分组及病种分值测算过程依据真实、全量的历史数据,客观还原本土病种的疾病诊断、诊疗方式与相应的医疗服务成本,使 DIP 机制在医保经办机构、医疗机构更易推广实施。

3. **医保结算适用范围有待明确**　现阶段 DIP 支付方式主要适用于参保人在医疗机构中住院医疗费用结算,普通门急诊付费标准及结算流程的建立仍需进一步探索。目前,以 DIP 为代表的医保结算支付方式仅应用于医保经办机构与定点医疗机构之间,暂时不会影响参保人的医保待遇水平。

4. 支付标准及依据明确,但来源复杂　病种分值与结算点值和费率为 DIP 的支付标准。DIP 的支付依据来源于医保结算清单,由院内编码系统、费用信息系统等信息系统生成上传。因此,医疗机构应及时推进医保信息化,及时改造信息系统。

5. 病案数据质量高　DIP 支付基于医保结算清单,目前医保结算统一使用《医疗保障疾病诊断分类及代码(ICD-10 医保 V1.0 版)》和《医疗保障手术操作分类与编码(ICD-9-CM3 医保 V1.0 版)》,后续将根据医保局的编码升级版本更新。住院病案首页质量直接与 DIP 支付挂钩,病案首页的完整性、准确性、规范性对于医保支付十分重要。

二、DIP 支付改革的作用

DIP 支付改革不仅是医保支付改革的重要组成部分,推动医保战略性购买功能落实和高质量发展,也是协同推进"三医联动"和医疗机构高质量发展的重要推手,具体作用包括 5 个方面。

1. 有利于推动分级诊疗　"三医联动"改革中医保对医疗、医药资源合理配置与科学使用具有核心杠杆作用,分级诊疗能否成功的关键因素之一是与之相匹配的医保支付方式能否得到执行和落实。DIP 支付基于历史数据形成病种分值,对病种组合实现标准化支付。医保管理部门通过设定不同级别医疗机构的支付系数调控医疗机构服务量,使各级医疗机构回归本级别的医疗服务定位,切实推进分级诊疗,助力医疗卫生体制改革,实现医疗服务高效有序。

2. 有利于提升医保精细管理水平　医保管理部门以"结余留用,合理超支分担"作为结算方式,引导医疗机构通过精细化运营管理,包括但不限于提高医疗服务质量、加强过程控制和成本管理等,鼓励医疗机构获得医保基金的结余奖励,减轻医疗机构资金运转压力,实现医保基金管理激励相容。

3. 有利于提升医院信息化建设　DIP 支付改革的顺利实施要求医疗机构具备相应的信息处理能力,因而 DIP 的应用将会极大地促进医疗机构提升信息化建设,借助信息化手段实现医保结算清单的编码、上传、过程监管,以及医疗质量管理和医保精细管理等。

4. 有利于促进医院全成本管理　DIP 支付方式以科学合理的支付机制,激发医疗机构全面、有效地控制成本的内在动力,敦促医疗机构开展全成本核算,合理配置医疗资源,节约支出,避免浪费,提高经济效益。

5. 有利于推进临床路径落实 DIP 支付机制需要医疗机构的诊疗行为遵循临床路径,做到诊疗规范化、标准化、科学化。临床路径的落实有利于医疗机构优化医疗服务费用结构,合理使用医保基金,实现参保人、医保基金、医疗机构多方共赢。

第二节　DIP 支付下医疗机构管理提升方向

医疗机构在应对医保 DIP 支付改革中,需要强化信息系统建设,加强病案首页管理,合理开展病种结构调整,主动开展全成本管理等工作。以上管理工作相辅相成,管理质量相互影响。医疗机构需要深入分析自身现况,制订符合自身发展要求的"组合拳",在应对 DIP 支付改革过程中实现高质量发展。

一、强化信息系统建设

DIP 支付过程深度依赖医疗机构内部的信息化水平、与医保支付方的信息互联互通程度。因此,医疗机构应首先加强信息化建设,打通涉及医保支付的临床科室、病案、信息、医保管理部门之间及与医保经办中心、医保支付方之间的信息通道,构建贯穿医保管理全流程的信息系统,确保信息流通畅、安全、准确。

国家卫生健康委办公厅和国家中医药局办公室联合发布的《公立医院运营管理信息化功能指引》详细阐述了医疗机构 DIP 支付信息化建设要求,各医疗机构可参照相关规定进行自查。前期信息化基础较好的医疗机构可以通过智慧医疗、电子病历评级等手段持续提升医院信息化水平,也可以向已实施 DIP 的医疗机构学习经验。DIP 支付方式对病案大数据质量要求极高,因而 DIP 支付方式改革也将推动医疗机构从传统管理模式向数据信息管理模式转变。完善的信息化建设是生产高质量数据信息的基石,信息化建设的具体实施细则可参见本书第七章。

二、加强病案首页管理

DIP 支付的测算基础是医保大数据,支付依据是住院病案首页数据。因此医疗机构需要做好病案首页质量管理,确保病案首页填写的完整性、准确性、规范性,此项工作将直接关系到医疗机构是否能获得合理的医保支付。病案管理可参见《医疗机构病历管理规定(2013年版)》《医疗保障基金结算清单填写规范(试行)》等规定,具体病案管理实施细则可参见本书第六章。

三、合理开展病种结构调整

DIP支付相对于DRG支付,病种分组组别更多,分组颗粒度更细。医疗机构及其临床专科可借助DIP支付方式了解病种结构现况,根据功能与定位合理开展病种结构调整,促进医疗业务能力提升、学科建设和专科发展,不断提升医疗服务水平。临床科室和医疗管理具体实施细则可参见本书第四、五章。

四、主动开展全成本管理

DIP支付方式本质仍是一种打包支付,将参保人住院期间的医疗总费用进行测算和整体支付的一种支付方式。这种支付方式有别于传统的按项目付费(fee for service,FFS),以往医保FFS付费方式下医疗机构通常将医疗服务划分为收益项目和成本项目的管理模式。在打包支付的结算方式下,参保人在医疗机构住院期间产生的所有医疗费用均归结为医院的医疗成本。因此,医疗机构应转变成本归集的思路,通过全成本核算,针对DIP病种开展临床路径管理及成本核算、科室病种成本核算,有效控制医疗成本,才能在DIP支付方式下达到合理结余的管理目的。本书第八章至第十章详细介绍了全成本管理中财务管理、药品管理和耗材管理的实施细则。

第三节　DIP支付下行政MDT管理模式

医保DIP支付改革是一项涉及医疗机构多个部门的综合性、系统性工作,医疗机构应该秉承多部门协作思路,而非医保管理部门"单兵作战"。建议医疗机构组建矩阵制组织结构,把按职能划分的垂直领导系统和按DIP项目划分的横向领导关系的结构结合起来。矩阵制组织的特点表现在:围绕DIP成立跨职能部门的工作组,在分析现况、制订管理策略、分部门执行管理措施、提升管理效果、追踪管理结果的各阶段,由各部门派人参加,力图做到条块结合,以协调DIP支付的管理工作,保证医保支付改革任务的顺利完成。实践工作中,医疗机构可参照临床多学科团队(multidisciplinary team,MDT)模式,组建DIP管理委员会或搭建以医院领导为首的行政MDT模式,形成行政多部门管理模式(图2-1)。

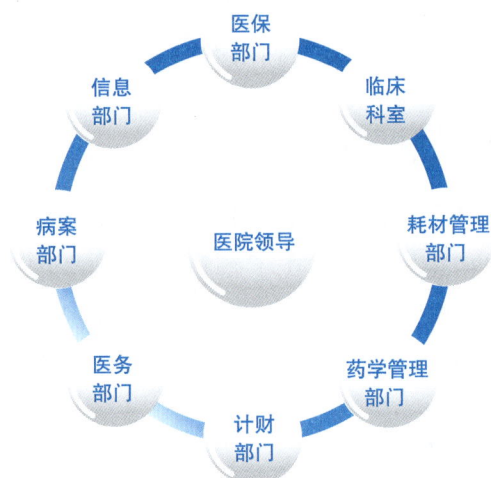

图 2-1　DIP 下医院行政 MDT 管理模式

一、医院领导工作职责

DIP 支付的管理工作应得到医疗机构各层级的高度重视，要深刻理解 DIP 支付政策的推行难点，不仅是在医保结算端，更在于医院整体管理水平。医疗机构要形成以院长或分管副院长为首的工作小组，协调、管理 DIP 医保支付政策推行，确保政策落地。具体包括 4 个方面。

1. **组织架构顶层设计**　医疗机构应从思想层面上认识 DIP 支付改革对医院带来的挑战，从顶层设计上明确需要医保、医疗、信息、财务、临床科室等多部门全面参与，协同共建。医疗机构应建立医院领导牵头领导下的职能部门和临床科室共同参与的矩阵式管理体系。

2. **推行工作高度重视**　医院领导要站在战略层面来看待医保支付改革工作。DIP 医保支付改革能否在医院内部推行成功，能否在新形势下为医疗机构的生存和发展争取机会，与医院领导能否给予高度重视息息相关。医疗机构应当成立以医院领导为首的 DIP 医保支付改革工作小组，统一筹划全院 DIP 支付方式下的医疗和管理工作。

3. **统筹协调精准管理**　医院领导要统筹和协调全院资源，在保证医疗质量安全的情况下做到合理检查、合理治疗、合理用药、合规收费，控制医疗成本，力争医保结余，切实缓解人民群众看病贵的问题。

4. **积极参与医保改革**　医疗领导应积极参与当地医保经办机构组织的各种培训、会议，提出合理化建议，并按要求及时上报相关数据。

二、医保管理部门工作职责

医保管理部门是第一个医保政策在医疗机构得到正确实施的关键部门。医保管理部门作为院内医保政策的具体实施者，须深入研读 DIP 政策，担任医院领导决策参谋，做好医保政策的上传下达工作。在 DIP 实施中，医保管理部门要发挥好 3 个角色的作用。

在计划准备阶段，医保管理部门是医院管理层战略完成的支持者、跨部门具体业务联系的协调者。首先，医保管理部门要保证 DIP 政策被全院医务工作者正确理解，读懂、读透、深刻领会。其次，DIP 的落实需要整个医院的协同运作，日常需要大量具体的业务协调，医保管理部门要承担好综合协调的工作职责。

在组织实施阶段，医保管理部门是临床业务科室的服务者、DIP 改革的推动者。首先，医保管理部门要确保医保政策被正确执行，尽可能避免政策执行过程中发生的偏差。其次，医保管理部门要与临床业务科室建立密切联系，通过数据分析及时反馈 DIP 实施问题，为临床科室提供解决方案。

在基金监督方面，医保管理部门是基金的守护者和管理者。医院医保管理部门要有高度自律的精神、强烈的责任心，定期监督检查，综合运用各种方法，时刻提醒临床医护人员，保证医保基金的合理使用。

三、医务部门工作职责

在 DIP 实施过程中，医疗管理部门主要在提升质量、规范行为、优化结构、提升效率 4 个方面发挥统筹、组织、实施、推进、考核等管理职能。

1. **提升质量** 医疗管理部门主要通过加强医疗重点部门重点环节的闭环管理、重视围手术期负性指标管理、落实围手术期质量管控措施、实施静脉血栓栓塞（venous thromboembolism，VTE）防治等措施，强化医疗质量安全管控。良好的医疗质量可以最大限度节约医疗成本，使医院在 DIP 支付改革中获得更高的经济、社会效益。同时，医疗管理部门应重视病历书写质量和病案首页填写准确性，确保病历能客观、真实、准确地反映诊疗过程。

2. **规范行为** 诊疗行为标准化和规范化是 DIP 实施的重要基础。医疗管理部门与医保管理部门应配合协作，从临床路径入手，共同推动诊疗行为更趋规范。临床路径是规范病种诊疗过程的重要抓手，医院要根据临床学科情况，对医疗技术成熟的各类病种，进一步设计临床路径，加速临床路径建设与规范，提高单病种质量控制，规范各类检查项目、设备及医疗耗材的使用，在保障医疗安全与效果的同时,控制医疗费用的不合理增长。

3. 优化结构　医疗管理部门根据医疗机构的功能定位和所具备的医疗技术能力,合理优化病种结构,选取适宜医院和专科发展的 DIP 病种,在合理结余的基础上更好地推动医院建设和发展。开展新技术新项目,提升解决疑难危重疾病能力;大力推行日间手术,完善日间手术管理机制;推动多学科诊疗模式实施,把最佳诊疗方案推荐给病人,节省多学科诊治时间;推动病人快速康复,需优化术前准备、术中管理和术后康复等围术期管理,缩短手术病人住院时间,节省医疗开支。

4. 提升效率　医疗管理部门通过一系列举措,如提高诊疗技术水平、优化疾病诊治流程、加快病种收治效率、提高疾病诊治效果,引导临床科室加快整体运行效率,使医院在 DIP 支付方式的实施过程中处于优势地位。

四、临床科室工作职责

医疗机构的临床科室是 DIP 支付改革政策组织实施的基本单元,是 DIP 支付改革政策的执行层、落地层。临床科室应当做好 6 个工作职责。

1. 高度重视 DIP 支付改革政策,认真学习,了解和掌握 DIP 支付方式的运行要求。

2. 重视病案质量,在科内开展病案首页编码、病案填写的培训学习,务必做到规范、准确、完整。

3. 结合院内管理部门反馈,关注 DIP 支付结算情况,分析医疗流程存在的问题。

4. 建立基于 DIP 支付改革特点的临床路径,并开展全流程管理。

5. 根据 DIP 支付改革特点,引导优化专科病种结构,提出专科发展方向。

6. 配合医院层面和上级部门的各项 DIP 支付改革政策推行工作。

五、病案部门工作职责

DIP 支付下的诊疗信息数据指标填报主要源于住院病案首页数据。病案首页诊断和手术操作编码的轻微改变则可能导致分入不同的病组,首页编码的准确性、完整性、规范性对于 DIP 数据质量起着至关重要的作用。而病案管理部门作为病案首页的"把关人",在整个管理工作中起着举足轻重的作用。

在实施 DIP 支付方式后,病案管理部门须建立 DIP 支付下的病案质量控制体系和工作流程,通过病案内涵质量管理、病案首页质量管理、ICD 编码质量管理和协助推进 DIP 目录完善等方面开展工作,推动医疗机构病案质量持续提升。

六、信息部门工作职责

医院信息系统建设是医疗机构实施 DIP 支付改革必不可少的一个环节,是落实 DIP 支付环节各项举措的基础保障。信息管理部门需做好相关工作。

1. **完善数据接口工作**　信息管理部门应严格遵守各地医保局的信息系统要求,完成医疗机构信息系统改造工作,确保数据互联互通,及时向医保局反馈数据接口问题。

2. **编码数据库动态维护**　信息管理部门应动态维护医疗保障业务信息编码标准数据库,包括但不限于医疗机构信息维护,医保医生和医保护士代码数据库动态维护,医保疾病诊断、手术操作分类与代码维护,医疗服务项目分类与代码数据库动态维护,医保药品分类与代码数据库动态维护。

3. **医疗机构信息化支撑**　信息管理部门应做好医疗机构内部的信息化支撑,建设智能医保管理平台,包括但不限于费用监控系统、医院系统、科室系统、医师工作站、医院基金监管系统等;根据医院内部管理需要,做好 DIP 医保支付下各项精细化管理的信息支撑工作。

七、财务部门工作职责

DIP 支付的推行直接影响医疗机构财务管理。实行 DIP 支付后,医院收入或收入结构将受到影响,运营压力增加。

医院财务部门须在依法取得医疗收入、开展会计核算的基础上,加强医疗成本控制,将财务管理融入运营管理全流程,建立以病人为核心,以运营数据中心为支撑,从院级、部门级深化到病种级、病例级,基于病组的实时费用计算及费用超额预警的运营管控体系,将财务管理从事后延展到事中,实现业财融合。

八、药学部门工作职责

DIP 支付方式改革促使医院药学管理部门工作重心发生转变。药师直接参与临床用药决策是降低用药成本和减少用药安全隐患的重要推手,因此建立规范的医院药学服务体系,保证临床用药合理、保障病人用药安全非常重要。

药学管理部门通过治疗前干预、治疗中协助、治疗后管控,在保障医疗质量的前提下,规范临床用药,降低医疗成本,有效控制药品费用不合理增长,合理利用卫生资源，促进医院药学发展。

九、耗材部门工作职责

DIP 支付方式通过"结余留用、合理超支分担"，激励医疗机构的发展目标从以收入为中心转变为以成本为中心。医用耗材管理部门通过对医用耗材全流程精细化管理，实现成本管控，达到医保资金结余的目的，完善医院收入结构。

医用耗材管理部门需结合规范化诊疗过程，推动医用耗材的合规化、自动化管理，减少采购成本、人力成本、时间成本，合理分配医疗资源，避免资源浪费，尽快完成由粗放式管理向精细化管理的转变。

第四节　MDT 管理模式下的 DIP 应对案例

本案例以广东省人民医院为蓝本，对医院在 DIP 模式下的应对策略作总体概述，主要从医院基本情况介绍、DIP 支付下的管理体系建设及管理模式、基本管理路径、管理成效 4 个方面展开案例描述，供相关医保管理人员参考借鉴。

根据《广州市社会医疗保险协议定点医疗机构分级管理办法》，广东省人民医院历年均以高分被综合评价为"AAA 级"，并在医保管理中组织、培训、服务方面持续改进，收效良好。其医保管理具有以下特点：医院领导对医保管理高度重视；三级沟通顺畅；归档资料质量高；组织体系建设完整；病人自费知情同意齐全；内部培训充分。广东省人民医院运用信息化及统计学持续改进培训方法，使医保管理深入临床。

DIP 支付方式的实施倒逼医院不断提高医疗质量、专科建设、服务管理的水平，开展医保精细化管理，才能使医院在 DIP 支付下保证医疗质量安全的情况下，提升医疗技术，同时提高效益。而且，医院也能在 DIP 支付下按照自身定位开展业务工作，推动分级诊疗有效实施。

一、按病种分值付费下的体系建设及管理模式

（一）医院 DIP 支付管理体系建设

DIP 支付管理是一个系统工程，医院建立以院长为组长的 DIP 领导小组，各行政职能处室负责人、临床科主任参与的 DIP 工作小组，建立医院、管理职能处室、临床科室的三级管理体系，负责 DIP 支付的实施、监管等工作。

（二）行政MDT管理模式及各职能处（科）室的职能

DIP支付管理涉及医保、医务（病案）、财务、信息、药学、设备（耗材）等部门。

1. 医保部门　DIP支付改革政策实施的牵头和总协调部门，开展医保精细化管理，加强基金监管，杜绝违规骗保行为。此外，提前进行数据测算、指引科室；编制宣传手册，开展全院及各科培训，全院会议专题解读新政策；在保证医疗质量和安全的前提下，合理控制医疗费用，争取做到"略有结余"。

2. 医务部门　在DIP支付的实施过程中，医疗管理部门主要在提升质量、规范行为、加快效率、管控成本四个方面发挥统筹、组织、实施、推进、考核等管理职能。同时，医疗管理部门负责医疗行为的监管，保证基金安全。病案科负责医院病案质量管理，培训医生按照病案填写指南准确完整填写病案首页，把好归档病案质量，保证病案质量，及时准确完整上传病案首页和医保结算清单，严防高套分值等违规行为。

3. 财务部门　在DIP支付方式下，医院财务部门须在依法组织收入、开展会计核算的基础上，加强医疗成本控制，将财务管理融入运营管理全流程；建立以病人为核心，以运营数据中心为支撑，从院级、部门级深化到病种级、病例级，建立基于病组的实时费用计算及费用超额预警的运营管控体系，将财务管理从事后延展到临床过程，深入实现业财融合，推动医院高质量发展。在DIP具体操作方面，财务部门必须准确上传住院明细费用清单，及时准确提交医保申报表，协助医保部门进行医保预算管理，管控成本，开展收费内控，做到合理收费，严防多收费、乱收费等违规行为，保证医保基金安全。

4. 信息部门　准确完整及时上传病案首页，协助医保部门开展信息化智能化DIP的全程管理。

5. 药学部门　DIP支付模式下的医院药学工作的目的是在保障医疗质量的前提下，降低医疗成本，有效控制药品费用不合理增长，合理利用卫生资源，规范临床用药，促进医院药学发展。

6. 设备（耗材）部门　实施DIP支付方式后，通过"结余留用、合理超支分担"的激励机制，医用耗材管理部门应结合合理诊疗，推动医用耗材的规范化管理，减少采购成本、人力成本、时间成本，合理分配医疗资源，避免资源浪费，尽快完成粗放式管理向精细化管理的转变。设备部门通过对医用耗材全流程精细化管理，控制高值耗材的科学合理使用，实现成本控制管理，合理控制医保费用。

二、按病种分值付费下的基本管理路径

（一）开展全院培训

DIP 支付是全新的支付方式，需要医院的全体管理、医务人员理解并执行 DIP 支付改革政策。

（二）临床科室落实 DIP 支付改革政策

临床科室是 DIP 支付改革政策具体执行的落脚点，是政策具体的执行者。首先，科室必须转变以前按次均、总额支付的管理理念，树立 DIP 支付与医疗资源消耗相一致的财务观念，按照医院的医疗定位合理收治病人。其次，按照病案首页填写指南准确完整填写病案首页；再者是按照医院制订的控费目标，在保证医疗质量安全的前提下，科学合理控制医保费用，将每例出院病人、整个科室的费用控制在合理的水平。

（三）科学合理管控医保费用

按照 DIP 支付改革政策，结合病种分值库，医保部门做好分值的预算管理，制订并及时调整全院病种组合的控费目标，保证医保基金可持续。

按照医保基本原则，对辅助用药、高值耗材进行合理管控；同时，管控不合理的、与疾病不相关的检查，合理调整结构，使医保费用控制在合理的水平。

（四）信息化智能化助力医保精细化管理

DIP 支付方式涉及 1 万多个病种组合，只有通过信息化智能化，才能更好地进行精细化管理。

建立医院、科室、医师工作站的病种分值智能系统，及时了解全院医保 DIP 支付的运行情况，包括收治病种情况、科室运行情况、每例收治病人详细情况、费用偏差情况、医保结余 / 超额情况、病例组合指数情况等，通过系统及时指导科室合理控费。

三、按病种分值付费下的管理成效

（一）总体结余情况

2018 年，在实施 DIP 支付改革以后，医院按照功能定位收治病人，医保基金支付三年总体结余，同比 DIP 支付改革前更高。2019 年出现超额与病种分值单价大幅下降有关，医院在进行分值单价预算时无法估算准确，导致超额的情况出现。总体而言，在实施 DIP 支付方式后，医院在精细化管理模式下，总体结余增加（表 2-1）。

表 2-1 广东省人民医院 2015—2020 年医保支付情况

分类	2015 年	2016 年	2017 年	2018 年	2019 年	2020 年
普通住院差额	71 万元	−104 万元	238 万元	5 672.94 万元	−159.2 万元	1 907.35 万元
病种分值费率	—	—	—	职工 15.66 居民 14.51	职工 14.05 居民 13.96	职工 14.21 居民 14.16
当期主要医保支付方式	次均费用定额	总额控制下次均费用定额	总额控制下次均费用定额	总额控制下 DIP	总额控制下 DIP	总额控制下 DIP

（二）医疗技术水平情况

从广东省卫生健康委员会政务服务中心每年公布的三级综合医院 DRG 评价结果来看，广东省人民医院总权重每年均保持全省第一名，除了 2020 年受疫情影响以外，总权重逐年上升，医疗服务总产出不断提高；CMI 值 2016—2020 年均保持在广东省三级综合医院中排名第一，并且逐年上升，表明医疗技术难度水平不断提高。异地人数（RW≥1.5）从 2018 年开始评价，均在广东省三级综合医院中排名第一。费用和时间消耗指数逐年下降，整体情况较好。同时近三年未发生低风险组死亡病例，表明医疗质量安全和病案首页质控较好（表 2-2）。

表 2-2 广东省人民医院 2016—2020 年医疗技术水平情况

指标	2016 年		2017 年		2018 年		2019 年		2020 年	
	数值	排名	数值	排名	数值	排名	数值	排名	数值	排名
总权重（万）	19.51	第 1 名	26.02	第 1 名	27.01	第 1 名	26.84	第 1 名	21.33	第 1 名
CMI 值	1.67	第 1 名	1.71	第 1 名	1.71	第 1 名	1.72	第 1 名	1.74	第 1 名
异地危重病人数（RW≥1.5）/万人	—	—	—	—	3.39	第 1 名	3.52	第 1 名	2.55	第 1 名
费用消耗指数	1.5	—	1.47	—	1.44	—	1.42	—	1.32	—
时间消耗指数	0.85	—	0.85	—	0.83	—	0.85	—	0.84	—
低风险组死亡率 /‰	0.04	—	0.09	—	0	—	0	—	0	—

注："—"表示无此统计结果。CMI 值：Case Mix Index，病例组合指数。

全院三四级手术比例呈逐年上升趋势，2020 年达到 63.23%（图 2-2）；2020 年全院疑难危重病例达到 86.32%（图 2-3），均表明医疗技术水平逐步提升。

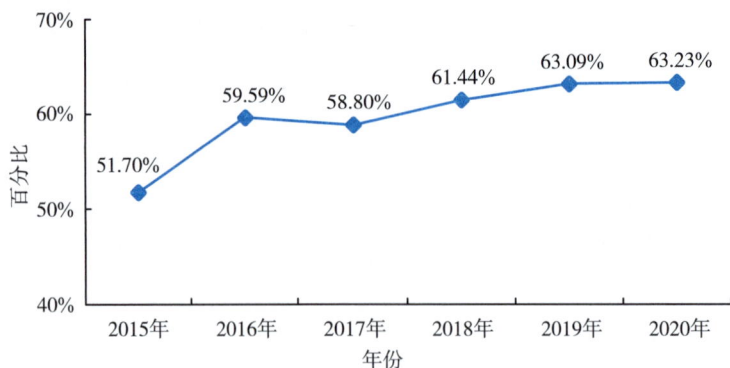

图 2-2　2015—2020 年广东省人民医院三、四级手术比例占比趋势图

图 2-3　2017—2020 年广东省人民医院 C 型、D 型病例 [①] 占比趋势图

（三）病人负担及满意度情况

2016—2020 年次均医保记账费用逐年上升，病人自费负担越来越小（图 2-4）。

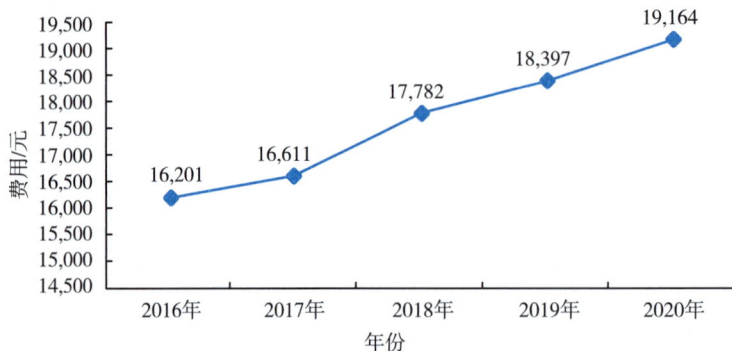

图 2-4　2016—2020 年广东省人民医院次均记账费用

[①]　C 型、D 型病例：C 型病例即疑难住院病人，凡病种或病情复杂，或有复杂的合并症，病情较重的急、慢性病，诊断治疗均有很大难度，预后差，但不需要抢救的病人。D 型病例即危重病人，凡病情危重，随时有生命危险，出现心肺、肝、肾等器官衰竭症状，需要抢救的人。

2016—2020 年广州医保病人满意度一直是保持满分,医院医保管理、基金支付等措施得到了参保人的认可。

参考文献

刘文生 . 广东省人民医院:打造管理 MDT 模式下的 DIP 样板[J].中国医院院长,2021,17(06):42-46.

第三章

医保管理实施细则

2021年11月26日,国家医疗保障局发布了《关于印发DRG/DIP支付方式改革三年行动计划的通知》(医保发〔2021〕48号)(以下简称《通知》),明确了从2022年至2024年分期、分批完成DRG/DIP付费改革任务。"到2024年底,全国所有统筹地区全部开展DRG/DIP付费方式改革工作,先期启动试点地区不断巩固改革成果",即是要求全国所有统筹区最晚进入DRG/DIP改革的时间是2024年,且"到2025年底,DRG/DIP支付方式覆盖所有符合条件的开展住院服务的医疗机构,基本实现病种、医保基金全覆盖"。医院医保管理部门作为院内医保政策的具体实施者,须做好政策的上传下达工作,并通过数据支撑的精细化管理措施构建DRG/DIP支付方式的全流程管理。

第一节　医保管理部门功能定位

医保政策在医疗机构得到正确实施的第一个关键环节就是医保管理部门。在DIP支付方式的实施中,医保管理部门要根据功能定位(详见第二章),需分别在计划准备阶段、组织实施阶段、基金监督方面做好管理工作。

在计划准备阶段,医保管理部门是医院管理层战略完成的支持者、跨部门具体业务协调关系的协调者。首先要保证DIP支付改革政策被正确理解、读懂、读透,深刻领会。其次要做好日常具体业务的综合协调,DIP支付方式的落实过程是医院的整体运作,日常需要协调大量的具体业务。

在组织实施阶段,医保管理部门做好医院临床业务科室的服务者,DIP改革的推动者。要确保医保政策被正确执行,减少、避免政策执行过程中发生的偏差。

在基金监督方面,医保管理部门做好人民群众"救命钱"的守护者和自律者。医保管理者要有高度自律的精神、强烈的责任心,定期监督检查,综合运用各种方法,实时提醒临床医护人员。

对于医保管理部门人员配置,建议根据医保管理部门职责,按费用监控、审核监管、服务维护、运营分析四大岗位进行设计(图 3-1)。每个岗位人数配置建议按地方经济发展水平和医疗机构级别规模确定。对于大型综合医院,由于业务量大,结算种类多,按工作量可设置一岗多人。对于业务量较小、结算种类少的基层医疗机构,可设置一人多岗。

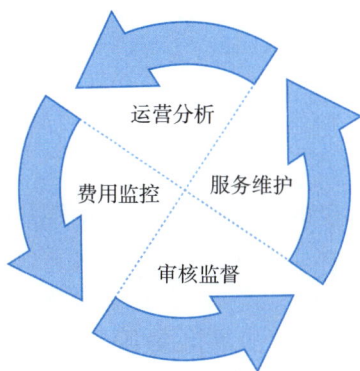

图 3-1 医保管理部门职责

费用监控岗位职能:对接临床科室开展病种费用成本管控、对接医保经办部门完成按病种分值年终清算。

审核监督岗位职能:协调院内各职能部门及临床科室,完成月度医保病历审核反馈、年度检查。

服务维护岗位职能:解答参保病人日常疑问,审核参保人待遇、申请转院门特等。牵头指引三大目录库维护。

运营分析岗位职能:落实定点医疗机构协议管理内容,分析院内病种费用结构,对临床科室进行业务培训、业绩考核等,加强信息化智能化建设。

第二节 DIP 计划准备阶段细则

一、基本要求

在计划准备阶段,统筹地区医保经办机构可能还未发布正式的病种分值结算政策和病种分值库，医疗机构无法获知具体明确的结算规则。但是，医疗机构不能在此阶段大意懈怠，单方面等待医保经办机构出台政策。如果按病种分值付费（DIP）有起跑线的话，计划准备阶段就是起跑点。初步测算、提前预测、统筹应对等相关工作应尽快开展，迅速启动并持续改进。

医保管理部门需认真研读《国家医疗保障局办公室关于印发国家医疗保障按病种分值付费（DIP）技术规范和 DIP 病种目录库（1.0 版）的通知》（医保管理部门发〔2020〕50 号）中的《DIP 病种目录库（1.0 版）》。信息化条件成熟的前提下，建议收集医院前三年历史数据，测算每一个病种及不同治疗方式的次均住院费用，作为医疗费用精细化管理的参考指标。数据基础建设比较薄弱的医疗机构，建议医保管理部门采用上年度的病案首页和费用数据进行模拟测算。

二、准备工作

为达到上述基本要求、获取所需数据，筹备 DIP 准备工作，首先医保管理部门需制订整体工作循环和工作计划（图 3-2）。

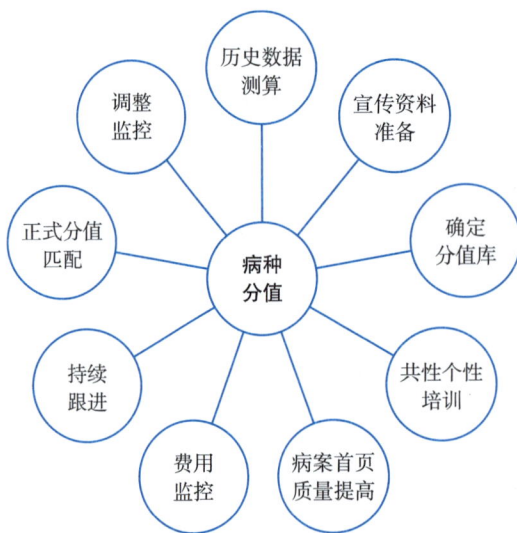

图 3-2　DIP 整体工作循环

准备工作中，统计、测算是关键步骤。在统筹地区未正式公布分值库及费率的情况下，医院医保管理部门可按照本机构前三年的病案首页和费用数据，测算所有病种及不同治疗方式的次均费用。以综合控制医疗费用不合理增长为目标，提供各科室汇总及全院汇总数据。积极参与地区医保经办机构的专家调研会议，提出合理化建议;按医保局要求,如实、科学、及时地上报相关数据。

政策执行初期,暂停原医保考评方案,重新梳理现有绩效管理方法,按照医保经办机构结算实际扣罚、医保责任医师及医保结算政策,制订 DIP 支付方式下的综合考评方案。在 DIP 实施之初,相关政策不断完善。医保管理部门需要全程研究按病种分值付费的政策,按政策更新及时进行数据测算,不断调整应对策略。

建议按月编制工作使用甘特图,为开展 DIP 做好准备,具体详见表 3-1。

表 3-1 ××××年 DIP 准备工作计划甘特图

项目	准备阶段	数据分析阶段	临床指引阶段	参与制定政策阶段	数据持续分析阶段	政策出台阶段	政策落地阶段	运行分析阶段	评价阶段
	1—3月	1—3月	4—6月	7—9月	9月	10月	10月	11—12月	12月
三年数据收集、初步分析	*	—	—	—	—	—	—	—	—
成立核心研究团队、病种分值小组	*	—	—	—	—	—	—	—	—
开发、调试、完善病种分值系统	—	*	—	—	—	—	—	—	—
分析病种数据	—	*	—	—	—	—	—	—	—
全院共性、科室个性化培训	—	*	—	—	—	—	—	—	—
数据分析	—	—	*	—	—	—	—	—	—
嵌套入医院信息系统	—	—	*	*	—	—	—	—	—
及时修正院内病种库	—	—	—	—	*	—	—	—	—
初步草拟院内综合考评方案	—	—	—	—	*	—	—	—	—
结合正式病种库,嵌套入医院信息系统	—	—	—	—	*	—	—	—	—

续表

项目	准备阶段	数据分析阶段	临床指引阶段	参与制定政策阶段	数据持续分析阶段	政策出台阶段	政策落地阶段	运行分析阶段	评价阶段
	1—3月	1—3月	4—6月	7—9月	9月	10月	10月	11—12月	12月
结合新病种库对院内进行综合考评	—	—	—	—	—	*	—	—	—
在医疗原则的基础上，指引临床适应按病种分值政策	—	—	—	—	—	—	—	*	—
综合评价方案正式结合医保奖励	—	—	—	—	—	—	—	—	*

注："*"代表此阶段执行该工作内容；"—"表示此阶段无该项工作。

三、具体实施

医院医保管理部门根据 DIP 入组规则对全院历史数据进行模拟入组和费用测算，为临床提供参考，为下一步医保精细化管理工作提供方向。以广东省广州市为例，根据《广州市医疗保障局 广州市财政局 广州市卫生健康委员会关于印发广州市社会医疗保险医疗费用结算办法的通知》（穗医保规字〔2019〕10号）有关要求和规定进行数据模拟入组。模拟入组及匹配过程主要涉及病案首页的主要诊断编码（取小数点后一位，以下简称诊断编码）、手术与操作编码（取小数点后四位，以下简称操作编码）、《广州市社会医疗保险按病种分值付费病种分值表》（以下简称病种分值表），各医疗机构按本地分值表执行。以下详细讲解入组规则。

（一）病种分值入组规则

病种分值入组规则有四个，其优先级为规则一＞规则二＞规则三＞规则四，其中规则一、二、三为匹配核心病种的规则，规则四匹配综合病种。

规则一：病案首页的诊断编码和操作编码病种分值表中某个病种组合能够完全匹配时，则入组唯一匹配的病种组合，举例如表3-2。

规则二：病案首页的诊断编码能完全匹配病种分值表的某个病种组合，但操作编码多于该病种组合中的操作编码数量时，优先入组操作匹配数量最多的病种组合。如操作匹配数量相同的病种组合有多个,优先入组该病例的医疗费用与病种分值表中相关病种组合的次均费用(2018 年度取测算费用,2019 年起取上年度费用,当上年度某病种组合次均费用缺失时仍取 2018 年度测算费用)最接近的病种组合,即满足该病例的医疗费用 – 病种分值表中相关病种组合的次均费用的绝对值最小。如费用最接近的病种组合出现两个以上且病种分值有高有低,取高分值的病种组合。如匹配两个以上相同分值的病种组合,选其一。举例见表 3-3。

表 3-2　唯一匹配入组举例

诊断编码	病案首页操作编码	入组病种组合	
		操作编码	操作名称
A41.9	38.9301	38.9301	保守治疗(含静脉插管术)
C02.9	25.4x01	25.4x01	舌根治性切除术
C16.2	40.3x01 43.7x03	40.3x01 43.7x03	区域性淋巴结切除术 / 胃大部分切除伴胃空肠吻合,经腹腔镜
I20.0	00.4101	00.4001 or 00.4101	一根冠状血管操作(扩张)or 二根冠状血管操作(扩张)
	00.4601 00.6601	00.4601 00.6601	植入二根冠状血管支架 / 经皮冠状动脉血管腔内成形术
	36.0701 88.5501	36.0701 88.5501	PTCA/ 药物洗脱冠状动脉支架植入术 /冠状动脉造影,一根导管

注:PTCA. 经皮腔内冠状动脉成形术。

表 3-3　多项匹配入组

诊断编码	病案首页操作编码	入组次序	入组规则	举例
I20.9	A、B、C	一	按照匹配病种组合的操作编码数量由多到少	ABC>(AB、AC、BC)>(A、B、C)
I20.10	A、B、C	二	如匹配多个操作数量相同的病种组合,则进入费用最接近的病种组合	如某病例的诊次费用为11 000 元,同时符合病种分值表中的 AB、AC 组,AB 组次均费用为 10 000 元,AC组次均费用为 9 000 元,则入组 AB 组

续表

诊断编码	病案首页操作编码	入组次序	入组规则	举例
I20.11	A、B、C	三	如费用最接近的病种组合出现两个以上有高有低分值时，入组高分值的病种组合	如某病例的诊次费用为11 000元，同时符合病种分值表中的AB、AC组，AB组次均费用为12 000元，900分，AC组次均费用为10 000元，750分，则入组AB组
I20.12	A、B、C	四	对应到的病种组合出现两个以上相同分值时，选其一	如某病例的诊次费用为11 000元，同时符合病种分值表中的AB、AC组，AB组次均费用为12 000元，900分，AC组次均费用为12 000元，900分，选其一入组

规则三：病案首页的诊断编码能匹配病种分值表的有关病种组合，但按上述规则仍未能入组，且操作编码为空或全部为简单操作（广东省 ICD-9-CM-3 手术与操作分类代码的"foplb"类别为 2、3 类，不含 00.4501、00.4502、00.4601、00.4602、00.4701、00.4702、00.4801、00.4802 材料类编码；后续如 ICD-9-CM-3 编码更新时，按上述规则同步更新）的，入组到相应的"n（y）"病种组合，举例如表 3-4。

表 3-4　仅按诊断编码入组举例

诊断编码	病案首页操作编码		入组病种组合	
	操作编码	操作名称	操作编码	操作名称
C02.1	—	—	n（y）	保守治疗（含简单操作）
C02.1	00.1801	单克隆抗体治疗	n（y）	保守治疗（含简单操作）
C02.1	00.1801 03.9201	单克隆抗体治疗／椎管内注射化疗药物治疗	n（y）	保守治疗（含简单操作）

规则四：按上述规则均不能入组的病例归入综合病种。

（二）床日分值入组规则

1. 指定病种床日分值 具备指定病种长期住院床日分值结算资格（原指定病种长期住院床日费用平均限额结算资格）的定点医疗机构，申报属指定病种床日分值结算的病例（病案首页的病情码应上传编码"000001"），按照指定病种床日分值计算。

2. 精神病住院床日分值 具备精神病住院床日结算资格（原精神病床日定额结算资格）的定点医疗机构，申报属精神病床日分值结算的病例（病案首页的病情码需上传编码"000002"），按照精神病床日分值计算。

3. 护理院或老年护理专区床日分值 机构类别为护理院的定点医疗机构申报的全部病例，或开展老年护理专区试点项目的定点医疗机构通过专区申报的病例，按照护理院或老年护理专区床日分值计算。

（三）六岁（含）以下儿童住院病例分值加成

六岁（含）以下按入院时间减去出生时间计算儿童年龄判断。

（四）入组模拟结果

根据病种入组规则，得出按病种归类模拟数据，举例见表3-5。按科室归类模拟数据，举例见表3-6。医保管理部门负责组织协调DIP提出的信息化建设，将匹配后的诊治方式，费用管理指标等维护到信息系统。

表3-5 按病种归类模拟数据

诊断编码	诊断名称	操作编码	操作名称	人次	人均费用/元	医保记账金额/元
A15.0	肺结核，经显微镜下痰检查证实，伴有或不伴有痰培养	33.2400x001	支气管镜下支气管活检	1	8 970.87	5 460.26
A15.2	肺结核，经组织学所证实	32.2001	胸腔镜下肺楔形切除术	1	41 939.34	19 036.72
A16.0	肺结核，细菌学和组织学检查为阴性	33.2405	气管镜刷检术	1	12 494.86	7 864.06
A16.2	肺结核，未提及细菌学或组织学的证实	无	无	1	5 806.53	2 917.03
A16.3	胸腔内淋巴结结核，未提及细菌学或组织学的证实	33.2405	气管镜刷检术	1	14 817.37	6 892.66

续表

诊断编码	诊断名称	操作编码	操作名称	人次	人均费用/元	医保记账金额/元
A16.5	结核性胸膜炎,未提及细菌学或组织学的证实	34.0401	胸腔闭式引流术	1	5 947.29	2 535.34
A16.5	结核性胸膜炎,未提及细菌学或组织学的证实	34.9101	胸腔穿刺抽液术	2	12 974.34	19 292.38
A17.8	神经系统的其他结核	3.3101	腰椎穿刺术	1	25 667.29	9 607.40
A18.3	肠、腹膜和肠系膜淋巴结的结核	54.9101	腹腔穿刺引流术	1	8 228.27	5 011.09

表 3-6　按科室归类模拟数据

科室	人次	住院总费用/元	人均费用/元	医保记账金额/元
A	356	22 892 101.03	64 303.65	10 295 325.57
B	595	75 429 971.56	126 773.06	32 448 326.34
C	1 025	6 551 867.13	6 392.07	4 618 060.64
D	375	63 656 970.62	169 751.92	27 416 775.18
E	31	10 092 895.35	325 577.27	5 841 540.67
F	78	2 017 915.19	25 870.71	1 209 831.11
G	3	24 032.85	8 010.95	15 648.70

注：以上两表中记账金额为按医保支付规则计入医保结算账目的金额。

第三节　DIP 实施阶段细则

一、基本要求

区域总额预算下的 DIP 支付与既往付费方式相比,有较多的创新之处。例如,DIP 按照病种组合付费,不再对病例中的检验检查等医疗服务项目付费;区域总额预算不再对各医疗机构设置总额控制;根据医疗机构等级、收治病例难度等指标赋予权重系数;制订综合考核指标,重点监控重复住院率、编码正确率等。

医疗机构要尽快适应结算模式的改变,转变成本观念,从被动向主动转变,从自我向协同转变,从粗放向精细转变,形成自我管理的内生动力,调整病种结构、降低成本、提高医疗质量、病案质量和信息化水平。

二、准备工作

(一)组建团队、建章立制

医院行政管理部门组建 MDT 管理团队,由医保管理部门牵头,成员来自医务、病案、药学、设备、信息及其他相关管理部门。各科室分工合作,重点加强医院合理诊疗管理、病案质量管理。

医院制定与 DIP 付费方式相配套的临床医技科室考核制度,规定考核方法(月度、季度、年度)、重点考核指标(如 CMI 值、核心病种占比、自费率等)、运用考核结果等。其中,自费率是指三大目录(基本医疗保险药品和耗材目录、诊疗项目目录、医疗服务设施标准)内等级为自费的医疗服务项目费用之和(含不符合限定范围用药条件的药品费用)与医疗总费用的比值。

(二)精读政策、宣传培训

医保管理部门须精读政策,并对医务人员进行宣传培训,让医务人员掌握 DIP 的结算要点、清算规则、监督考核细则等,提高临床医务人员的政策理论水平和实际操作能力。

建议医保管理部门开展形式多样的宣传培训,如通过宣传手册、海报展板、新媒体传播平台(官网、微信公众号)等方式进行政策运行前的宣传告知;对院内全体职工进行 DIP 支付改革的政策宣传(政策培训班、座谈交流会、临床科室专项辅导等方式);通过线下考核或线上答题等形式,对临床科室医、护、技及财务收费等相关人员掌握 DIP 支付方式的情况进行考查;并对考查结果进行分析,针对易错知识点进行专项再培训。

(三)优化系统、提质增效

DIP 支付方式以疾病的主要诊断和不同的诊疗方式相结合确定病种分组,进而对病种组合付费。面对成千上万的病种组合,临床医生难以掌握并熟记每个病种的诊断、操作、分值。医疗机构可运用信息化手段建立院内 DIP 数据管理平台,为实际结算工作提供参考。

1. 多维度分值查询系统

(1)从诊断入手进行查询:医生在医师工作站输入疾病诊断名称时,系统显示分值表中该诊断对应的所有诊疗方式的分值。

值得注意的是，目前各地病种分值表所采用的疾病诊断名称，多为各种版本的《疾病和有关健康问题的国际统计分类》（ICD）或《疾病分类与代码国家临床版》。疾病分类与代码是一个类目系统，而部分医院的临床医生习惯于使用临床术语书写疾病诊断，再由医院病案室编码人员按照编码原则进行编码。为使临床医生在录入临床诊断时能快速查询分值，可以在临床诊断与疾病分类与代码间做好匹配，建立"临床诊断-疾病分类与代码-分值"三库合一字典库。

（2）从诊疗方式入手进行查询：医生在工作站输入手术/操作名称时，系统显示分值表中与该诊疗方式相关的所有疾病诊断对应的分值。系统也可实时提取手术记录中的手术名称，显示对应的分值。

2. 多维度费用分析系统

（1）基于病种分析：显示各病种收治例数、次均费用、预计医保支付标准（病种分值 × 上年度分值单价），药品、材料等费用明细及占比。

（2）基于临床科室分析：以医院、临床科室、治疗组、医生个人为分析对象，展示某一段时间内分析对象收治病种的总例数、CMI 值、核心病种和综合病种占比、基金使用率、预计支付标准等。

费用分析系统主要功能是将科室病种费用反馈相应科室，帮助医疗机构及临床科室了解不合理费用病种的分布，及时采取措施减少不合理费用病种占比、不断优化医疗服务费用结构、优化医疗机构病种结构。该分析系统有利于临床科室深入分析病案首页的缺陷与不足，提高入组率；也有利于医院管理者对各临床科室、各治疗组收治的同一病种进行横向对比，提出合理化的费用管理建议和措施。

三、具体实施

DIP 支付方式的实施阶段细则可分为 7 个部分，具体如下。

（一）合理诊疗，控制成本

在 DIP 付费方式下，医保管理部门基于病种分值和分值点值形成支付标准，对医疗机构的每一个病例实现标准化支付，不再以医疗服务项目费用支付。实施 DIP 过程中，定点医疗机构及接诊医生要遵循相关病种诊疗规范及用药规定合理诊疗，建设 DIP 模式下的医疗质量管理体系，推动临床路径实施规范诊疗行为，合理诊疗、合理用药，优化病种结构，提升医疗运行效率，详见第四、五章。

（二）重视病案，提高质量

合理诊疗除了体现在实际的诊疗过程中，病案的准确记录也是必不可少的，病案记录为合理的诊疗过程提供依据。因此,DIP 实施的另一个重要环节就是病案的准确书写。在具体实践工作中,病案管理部门需要建立病案质量控制体系,管理病历内涵、首页、ICD 编码质量,共同完善 ICD 编码与 DIP 目录,详见第六章。

(三)规则前移,监控要点

DIP 付费的结算流程是"总额预算、病种赋值、月度预结算、年度清算"。为了保障定点医疗机构的健康可持续发展,定点医疗机构医保管理者要将 DIP 年末清算的管理目标前移到日常的监督管理中,将事后清算变成日常监管。在日常的医保管理工作中,建议按本地区政策重点监控医保相关重点指标,如医保结余 / 超额、偏差病例占比、DIP 药品 / 耗材分值、入组率、CMI 值、基层病种占比、自费率、辅助分型相关指标等。

1. 医保结余 / 超额 / 医保预计支付标准　定点医疗机构医保管理的目的是在均衡医疗质量、安全和费用的基础上,寻求技术进步与定点医疗机构健康可持续发展。病种分值付费涉及的关键指标有病种分值、分值单价、统筹基金支付率、上年度各病种次均医疗费等。医保管理部门可根据单个病例的病种分值、分值单价(根据基准病种或者历史数据进行估算,动态调整)、统筹基金支付率、权重系数、医保统筹记账费用等预估医保支付标准,实现医保费用精细化管理。

2. 费用偏差病例占比　费用偏差病例是指某病例医疗总费用是上一年度同级别定点医疗机构该病种次均医疗总费用的 50% 以下或者 200% 以上的病例,其中 50% 以下的病例定义为费用极低病例;200% 以上的病例定义为费用超高病例。

3. DIP 药品分值及 DIP 耗材分值　在医疗机构 DIP 管理指标中,药品分值和耗材分值的监控有助于医疗机构加强病种药品、耗材成本管控,尽量降低药占比和耗占比,向价值医疗转型。药品、耗材分值计算参见第一章。

(四)及时反馈,指明方向

为使临床医生及时修正诊疗行为,医保管理部门需将监控指标的分析结果通过有效途径反馈给临床科室。有效反馈途径包括通过内、外网向临床科室公布全院及各科 DIP 运营情况;定期在院内行政 / 中层会议上对监控指标管理不佳的科室进行通报反馈。

重点反馈内容主要包括监控指标控制较差科室的超标准支付病种,可以运用管理学工具使数据更具说服力。如运用二八法则对超费病种进行分析,绘制柏拉图,让科室重点关注累计占超标准支付的医保费用 80% 中 20% 的病种,让医生花更少的精力关注个别关键病种,达到高效管理的目的。

（五）准确上传，校验分值

1. 准确上传医保结算清单、病案首页和费用信息 根据前述入组规则可知，决定个案分值的重要因素包括病人的住院总费用、疾病诊断编码、手术名称和操作编码等。以上信息来源于病人的医保结算清单和病案首页。为确保信息的客观、真实、规范、完整，并及时上传，准确形成分值，医院内部运作过程有 4 个关键环节（图 3-3）。

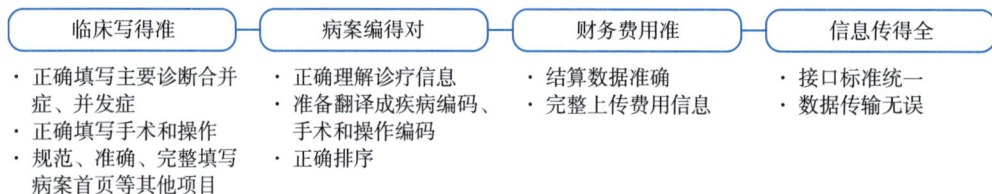

临床写得准	病案编得对	财务费用准	信息传得全
· 正确填写主要诊断合并症、并发症 · 正确填写手术和操作 · 规范、准确、完整填写病案首页等其他项目	· 正确理解诊疗信息 · 准备翻译成疾病编码、手术和操作编码 · 正确排序	· 结算数据准确 · 完整上传费用信息	· 接口标准统一 · 数据传输无误

图 3-3　准确上传首页和费用信息的 4 个关键环节

（1）临床医保医师：按照国家卫生健康委员会《住院病案首页数据填写质量规范（暂行）》要求，填写病案首页，特别是诊断及手术操作等诊疗信息。

（2）编码人员：正确理解病案中的诊疗信息，并按照国际疾病分类编码原则，准确编写疾病分类与手术操作代码。

（3）财务人员：确保每笔费用类别清晰、准确，完整上传费用信息。

（4）信息人员：按照数据传输接口标准，及时、准确上传医保结算清单、病案首页数据和结算费用。

2. 做好月度结算时的分值校验 在使用 DIP 支付的情况下，医保经办机构大多采用"月预结算、年度清算"的方法与定点医疗机构进行结算。"月预结算"是医保经办机构按照预先设立的规则，考虑医疗保险基金运行情况，按月向各定点医疗机构预拨付一定数额的预结算金额。有的城市采用"月分值法"计算月度预付金额，有的城市采用"月记账金额 × 预先设定的比例"计算月度预付金额。在运行过程中，大部分城市要求定点医疗机构按月上传病案首页和结算清单，进行月度费用申报（图 3-4）。

（1）数据上传：定点医疗机构按照当地医保经办机构要求的时间点，上传按病种分值付费范围内的结算清单、病案首页和出院小结。

（2）分值计算：医保经办机构提取费用信息和诊断、操作及手术信息，根据入组规则，计算个案分值，反馈给定点医疗机构。

（3）分值核对：定点医疗机构导出医院信息系统（hospital information system, HIS）病人费用信息、病案管理系统病人疾病诊断和手术操作信息，利用信息软件或其他工具,根据入组规则,模拟计算分值,与医保经办机构反馈的分值进行核对。这是月度申报最关键的环节,应重点校验以下两方面信息:一是费用信息,医保报表中病人的住院总费用与 HIS 是否一致;二是病案信息,医院上传的疾病诊断、手术和操作,医保经办机构读取数据是否正确、完整,特别需要关注主要诊断的排序、手术和操作读取的完整性。

(4)报表申报:核对无误后,医疗机构可进行月度费用申报。

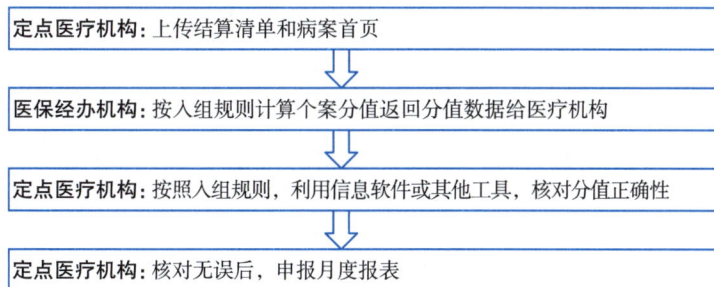

```
┌──────────────────────────────────────────────┐
│ 定点医疗机构:上传结算清单和病案首页          │
└──────────────────────────────────────────────┘
                    ⇩
┌──────────────────────────────────────────────┐
│ 医保经办机构:按入组规则计算个案分值返回分值数据给医疗机构 │
└──────────────────────────────────────────────┘
                    ⇩
┌──────────────────────────────────────────────┐
│ 定点医疗机构:按照入组规则,利用信息软件或其他工具,核对分值正确性 │
└──────────────────────────────────────────────┘
                    ⇩
┌──────────────────────────────────────────────┐
│ 定点医疗机构:核对无误后,申报月度报表          │
└──────────────────────────────────────────────┘
```

图 3-4　月度费用申报流程

(六)把握要点,准确清算

"年度清算"是指当自然年度结束时,医疗保险经办机构根据病种分值结算办法,计算医院的年末总分值。按病种分值付费的流程管理过程中,准确录入 HIS 数据、完整上传资料是年度清算不容忽视的环节。在年度清算前,定点医疗机构应将 HIS 数据和医保经办机构反馈的数据进行比对,检查是否有错漏等情况。

年度预清算时,医保经办机构应考虑病案数据上传质量、费用偏差病例评审、年度综合考核、日常审核扣减、校正权重系数等情况,同时结合辅助目录对定点医疗机构异常费用的识别与合理纠正,计算出定点医疗机构年度最终拨付金额。年度最终拨付金额是年度清算金额与全年月度预结算、预拨付金额之差。

1. 清算适用范围

(1)适用人群:本地基本医疗保险参保人(含职工社会医疗保险和城乡居民社会医疗保险参保人)。

(2)适用时间:清算病案时间范围为每年 1 月 1 日至当年 12 月 31 日,以费用结算数据和病案首页数据均上传完成时间为准。清算范围为当年度医保申报报表的 1 月至 12 月。

2. 计算公式

(1)病种分值费率(职工医保和城乡居民医保分开计算)

病种分值费率 = 全市可支配的医疗费用总额 ÷ 全市所有定点医疗机构病种分值总和

（2）年度分值

总分值 = ∑ DIP 分值 × 权重系数 × 年度病历评审系数 − 审核扣分 × 权重系数

（3）月度预结算金额

月度预结算金额 = 月度申报记账费用 × 预拨付比例 − 审核扣减金额

（4）统筹基金预决算支付总额

统筹基金预决算支付总额 = 定点医疗机构年度分值 × 分值单价 × 当年度定点医疗机构住院实际医疗总费用统筹基金支付率 × 年度考核系数 − 审核扣减金额

统筹基金支付率（职工医保和城乡居民医保分开计算）：

统筹基金支付率 = 当年度纳入按病种分值付费范围参保人员在该定点医疗机构住院发生的实际记账费用总额 ÷ 当年度纳入按病种分值付费范围参保人员在该定点医疗机构住院发生的实际医疗总费用总额

（5）统筹基金决算支付总额

支付系数 < 医保局给定最低比例[①]：统筹基金决算支付总额 = 定点医疗机构按病种分值记账金额 − 审核扣减金额

医保局给定最低比例 ≤ 支付系数 ≤ 100%：统筹基金决算支付总额 = 定点医疗机构年度分值 × 分值单价 × 当年度定点医疗机构住院实际医疗总费用统筹基金支付率 × 年度考核系数 − 审核扣减金额

支付系数 > 100%：统筹基金决算支付总额 = 定点医疗机构年度分值 × 分值单价 × 当年度定点医疗机构住院实际医疗总费用统筹基金支付率 × 年度考核系数 + 调节金 − 审核扣减金额

（6）年度清算统筹基金支付金额

年度清算统筹基金支付金额 = 统筹基金决算支付总额 − ∑ 月度预结算金额

（七）建言献策、沟通协商

医疗机构在执行 DIP 支付的过程中，要努力与医保经办部门建立有效的协商机制、畅通沟通渠道，将在执行过程中发现的问题，及时向医保经办部门反馈。建议重点关注分值表合理性，月度报表中病种入组匹配率、入组规则合理性，医

---

① 医保局给定最低比例为医疗机构实际统筹基金记账总额占当年预清算支付总额比例。

疗机构权重系数制定原则,以及年度病历评审机制、年度考核指标等关键指标。

第四节 医保基金监督管理

一、基本要求

医疗保障基金是人民群众的"救命钱",关系广大人民群众切身利益,党中央、国务院高度重视医疗保障基金使用监督管理工作,以零容忍的态度严厉打击欺诈骗保行为。2021 年 1 月 15 日,国务院总理李克强签署第 735 号国务院令,颁布《医疗保障基金使用监督管理条例》(以下简称《条例》),自 2021 年 5 月 1 日起施行,标志着医保基金监管进入法治化道路。《条例》主要内容包括:一是落实以人民健康为中心的要求,强化医疗保障服务;二是明确基金使用相关主体的职责,规范基金的使用;三是健全监管体制,强化监管措施;四是细化法律责任,加大惩戒力度。这是我国医疗保障领域的首部行政法规,明确为老百姓的"看病钱"划清不能触碰的"红线",为医保制度步入法治化奠定了第一块基石。DIP 下的医保基金监管方式、办法和重点主要见于 2021 年 5 月 20 日印发的《DIP 医疗保障经办管理规程(试行)》,该规程要求严格按照《条例》及《医疗机构医疗保障定点管理暂行办法》要求,对 DIP 进行事前、事中、事后全流程监测,依托信息化手段,开展日常稽核,重点查处高套分值、诊断与操作不符等违约行为。

二、准备工作

(一)梳理违法违规情形

《条例》明确规定如下违法违规情形,一旦出现均将按照相应的法律法规给予责任追究。

1. 分解住院,挂床住院。

2. 违反诊疗规范,过度诊疗、过度检查、分解处方、超量开药、重复开药或者提供其他不必要的医药服务。

3. 重复收费、超标准收费、分解项目收费。

4. 串换药品、医用耗材、诊疗项目和服务设施。

5. 为参保人员利用其享受医疗保障待遇的机会转卖药品,接受返还现金、实物或者获得其他非法利益提供便利。

6. 将不属于医疗保障基金支付范围的医药费用纳入医疗保障结算范围。

7.诱导、协助他人冒名或者虚假就医、购药,提供虚假证明材料,或者串通他人虚开费用单据。

8.伪造、变造、隐匿、涂改、销毁医学文书、医学证明、会计凭证、电子信息等有关资料。

9.虚构医药服务项目。

除以上违法违规情形外,在运行 DIP 支付方式下,医疗机构一定程度上有可能出现特定的违规行为,包括:高套分值,编码低套,低标准入院,缩减必要诊疗服务等。其具体表现将在本章"具体实施"中详述。

(二)法律法规和典型案例的警示教育

加强《社会保险法》《刑法》及《条例》等法律法规的学习和欺诈骗取医疗保障基金典型案例的警示教育,确保法律法规、医保政策人人知晓,违法案例人人引以为戒。

(三)建章立制,推进监管长效机制建设

根据医保基金监管的相关要求,特别是结合《条例》的有关规定,梳理医保基金监管的重点环节,聚焦长效机制建设,完善管理措施,补齐短板弱项,狠抓"建章立制"。

(四)健全医保基金监管的组织保障

医院应高度重视医保基金的监管,成立由医院领导组成的领导小组以及医保、医务、病案、财务、信息、临床等多部门组成的工作小组,负责日常监督检查,及时发现问题。

(五)完善自查自纠和奖惩机制

完善多部门联动的日常监督检查的机制,发现问题立行立改,并切实加大自查自纠的力度,对于自查以及医保经办部门查实的违规行为,完善相应的惩处办法,对于发现的违法行为主动移送纪检监察机关。

三、具体实施

(一)明确违规情形界定及主要表现

在运行 DIP 支付的情境下,若管理不到位,医疗机构有可能出现一系列违规行为。

1. **高套分值**　指医疗机构调整主诊断、虚增诊断、虚增手术等方式使病案进入费用更高分组的行为,是在使用 DIP 情况下欺诈骗保的一种常见方式。主要表现为诊断升级和故意虚增手术或者操作。

（1）诊断升级：临床医生通过病例书写增加病人的疾病严重程度；临床医生对主要诊断选择理解不清，非主观故意错误选择主要诊断；临床医生或者编码人员在病案首页或者医保结算清单主观故意升级调整主要诊断编码；临床医生或者编码人员在病案首页或者医保结算清单故意虚增次要诊断编码。

（2）故意虚增手术或者操作：临床医生通过病例书写虚增疾病的手术或治疗操作；临床医生或者编码员在病案首页或者医保结算清单虚增手术或治疗操作编码。主要包括无手术或者治疗操作通过虚增使得增加手术或者治疗操作；有单个手术或者治疗操作通过虚增变成多个手术或者治疗操作。

2. 编码低套　指医疗机构因诊断漏填、主诊断选择错误、手术漏填、主手术选择错误等问题导致病案进入较低病种的情况。主要表现为诊断低套和减少手术或者操作。

（1）诊断低套：临床医生对主要诊断选择理解不清，非主观故意错误选择主要诊断。编码人员对编码工作不熟悉、理解不深或者工作疏忽导致主要诊断编码错误。基于偏差病例计算，临床医生或者编码人员在病案首页或者医保结算清单主观故意降低主要诊断编码，以获得更高的实际分值，进而获得更多的支付补偿。

（2）减少手术或者操作：临床医生因个人疏忽或非主观故意错误导致的手术操作漏填写。基于偏差病例计算，临床医生或者编码人员在病案首页或者医保结算清单主观故意减少手术操作编码的填写，以获得更高的实际分值，进而获得更多的支付补偿。

3. 分解住院　指未按照临床出院标准、人为将一次连续住院治疗过程，分解为二次甚至多次住院治疗，或人为将参保病人在院际之间、院内科室之间频繁转科。主要表现为：

（1）病人仅达到本专科的出科标准，应办理转科继续治疗。

（2）病人未达到本专科的出科标准，应继续治疗。

（3）急诊留观的病人应转入专科继续治疗。

上次住院已达出院标准，但是短期内因出现下列情况导致再入院，该情况不属于分解住院的情形，主要表现为：

（1）规律性或周期性的治疗，如规律的放疗、化疗疗程，规律的生物、免疫治疗等。

（2）病情变化导致的短期内再入院，如：出院后原有症状加重或再发；术后感染、出血、伤口愈合不良等；病人签字主动要求出院后的短期内再次入院。

（3）新发疾病短期再次入院,如新发与上次住院无关的疾病。

4. 低标准入院 指将入院指征不明确,可以经门诊治疗,或住院期间进行体检式的检查但未进行实质性治疗的病人收入院以获得分值的情况,通常该病人获得的分值较低,且住院天数很短,主要表现为:

（1）存在以体检或取药为目的的住院行为。

（2）病情明显轻微不需住院治疗。

（3）慢性疾病病情平稳无住院治疗目的的收治住院。

（4）入院仅使用口服药品等在门诊可以完成的治疗。

（5）仅入院做检查,而该检查可于门诊完成。

（6）既往疾病史、用药史(抗凝药物)、月经史了解不详造成的无效住院。

不属于低标准入院的情形:将病人收入院完成门诊无法完成的检查,如部分儿童激发试验、24小时脑电图等。

5. 挂床住院 病人办理入院手续,住院期间长期不在院,但产生医疗费用并使用医保结算。主要表现为:

（1）住院参保病人未经医生同意擅自离开医院,或经医生同意但累计离院时间超过住院时间的三分之一。

（2）完全不在病房住宿者。

（二）强化警示教育,增强法制观念

医院应当通过院内各种会议,如院长书记办公会、院务会、中层干部会反复强调医保基金监管的重要性。通过专题网页、宣传海报、电子屏幕等多渠道开展宣传教育,努力营造学法懂法的良好氛围,形成遏制欺诈骗保的高压态势,提高医务人员遵纪守法意识。深入临床一线,以主题活动、专题讲座、观看录像片、签订承诺书、专项考试等多途径、多形式开展加强普及法律法规和欺诈骗取医疗保障基金典型案例的警示教育,确保法律法规、医保政策人人知晓,以案为鉴,举一反三,强化底线思维,提高保障医保基金安全的自觉性。同时大力开展先进典型宣传,通过典型引路,积极弘扬正气,传递正能量。

（三）治理关键环节,发现问题积极整改

探索确定检查的路径和方法,对于高套分值和编码低套,可利用同一疾病诊断中不同治疗方式的资源消耗程度与纵向往期数据、横向医疗机构均值的偏离情况进行自查和监管;对于低标准入院,可以根据"医疗费用低于起付线、住院天数少于3天、检验检查费用超过80%、住院费用占比超过85%、入院连续2天只有健康检查无治疗和药品"筛查病案记录数据进行重点检查;对于分解住院,安排专人每日对出入院情况进行核查,重点监控 3 日内二次入院情况。针对暴露出的违规违法问题,相关部门应建立明细台账,能整改的问题应立刻整改;不能立刻整改的问题,要深入剖析原因,研究措施,分类提出管理建议,明确时限,责任到人,确保整改措施落实到位。

(四)完善日常监督检查和奖惩实施细则

院内医保基金监督检查工作内容通常涉及多个临床和行政职能部门,因此医疗机构需组织院内医保、医务、病案、财务、信息、临床等部门组成工作组,定期开展院内医保监督检查,通过重点指标数据监控结合医保病历质控审核。工作组对于院内基金监管发现的问题以及各行政执法部门查实的违法违规行为,研究实施切实可行的惩戒手段和工作措施,完善相应的惩处办法,如:院内查实科室收治违规的病例,当次住院分值和医疗费用不计入科室医疗收入,并参照院内惩处办法做进一步处理;因疾病诊断和手术操作编码填写不准确、不规范造成的医保审核扣减分值,纳入科室医保管理考核,并将考核结果与院内绩效挂钩。对于欺诈骗保违法行为,按上级医保部门认定金额的 5 倍,按责任比例扣罚直接责任人、科主任及科室绩效奖金,同时与分管院领导及行政职能部门相关负责人绩效挂钩。情节严重者,进一步追究直接责任人、科主任、行政职能部门负责人和分管院领导的责任,严重违法行为及时移送纪检监察机关及司法部门。

第五节　DIP 支付下医保精细化管理案例

为配合医保支付改革新形势,中山大学孙逸仙纪念医院以质量和安全为前提,从提高成本控制意识入手,逐步调整病种收治结构、规范诊疗行为、提高病案质量和编码水平,最终转变内部运营机制,不断提升医保精细化管理水平。

一、医院重视,分工合作

管理理念和意识的转变,是开展医保精细化管理所必须的思想准备。医院领导、各行政职能科室、临床医技科室主任率先提高认识、统一思想,充分把握DIP 支付改革工作的重大意义。医院组建工作小组(图 3-5),医保部门牵头,医务、设备、药学、财务、病案、信息、运营等部门参与其中,制订工作方案,共同完成合理诊疗、病案编码、信息传输等管理工作,确保行动到位。

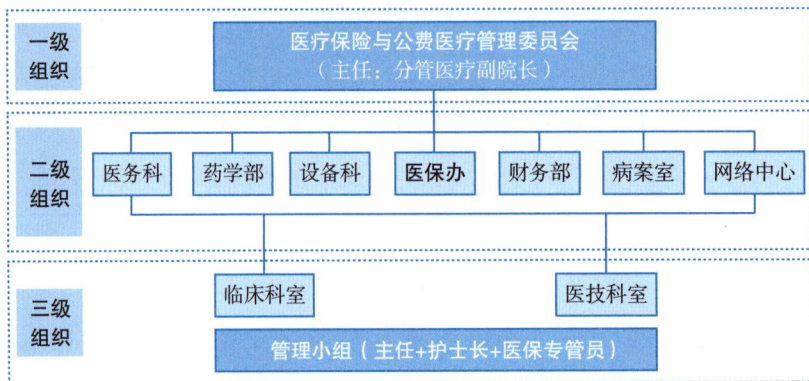

图 3-5　DIP 工作小组组织架构

二、精读政策，宣传培训

DIP 实际支付由病案首页的诊断和手术、病人住院总费用决定，临床医生是其中的关键环节。实施第一年，医院工作小组组建培训师资团队，开展院科两级培训，内容涵盖 DIP 支付原理（重点讲解入组规则、偏差病例计算、权重系数构成、违规扣减）、病案首页规范化填写等内容，使临床医生快速掌握 DIP 的要点。

实施第二年起，医院结合各专科历史数据，用波士顿矩阵分析优势病种、潜力病种、劣势病种、重点关注病种。用数据和事实引导临床科室控制成本、提高 CMI 值，主动参与支付方式改革。图 3-6 为波士顿矩阵参考范例。

三、优化系统，提高效率

HIS 系统为 DIP 管理提供了重要的技术支撑。为适应 DIP 医保支付改革，HIS 新增了 DIP 辅助管理模块，主要实现 3 个功能：①事前查询（图 3-7）：医院构建"临床诊断 - 疾病分类与代码 - 分值"三库合一系统，医生可以查询任一临床诊断对应的病种分值。②事中辅助分析：对于在院病人，系统能根据主要诊断和目前治疗情况预判分值，协助医生做好费用调控。③事后多维度数据分析：该模块以临床科室、治疗组、医生为分析对象，展示收治病种例数、入组情况、分值、CMI 值、次均费用、医保预计支付金额，超标 / 结余情况、药耗占比等，通过疾病画像分组分析和评价，为职能部门和临床科室精准提供管理线索，有的放矢调控费用。

某专科2020年DIP数据分析（波士顿矩阵）

2020年心内科二区收治广州医保超10人病种情况

- CMI低，但结余提高CMI
- CMI高且有结余优势病种
- 冠状血管畸形：保守治疗（含冠状动脉造影，两根导管），1.4
- 心室过早除极：心脏病损腔内消融术，16.0
- 动脉硬化性心脏病：冠状动脉血管腔内成形术（PTCA）/药物洗脱冠状动脉支架植入术/冠状动脉造影，两根导管，16.0
- 动脉硬化性心脏病：保守治疗（含冠状动脉造影，两根导管），10.7
- 特发性（原发性）高血压：保守治疗（含简单操作），0.2
- 心力衰竭：保守治疗（含简单操作），5.1
- 心房纤颤和扑动：心脏病损腔内消融术，11.9
- 动脉硬化性心脏病：保守治疗（含简单操作），-2.8
- 心绞痛，其他类型的：保守治疗（含冠状动脉造影，两根导管），0.1
- 心绞痛，其他类型的：一根冠状血管操作（扩张）/植入一根冠状血管支架/冠状动脉血管腔内成形术（PTCA）/药物洗脱冠状动脉支架植入术，2.1
- CMI低且亏损劣势病种
- CMI高但亏损控制成本

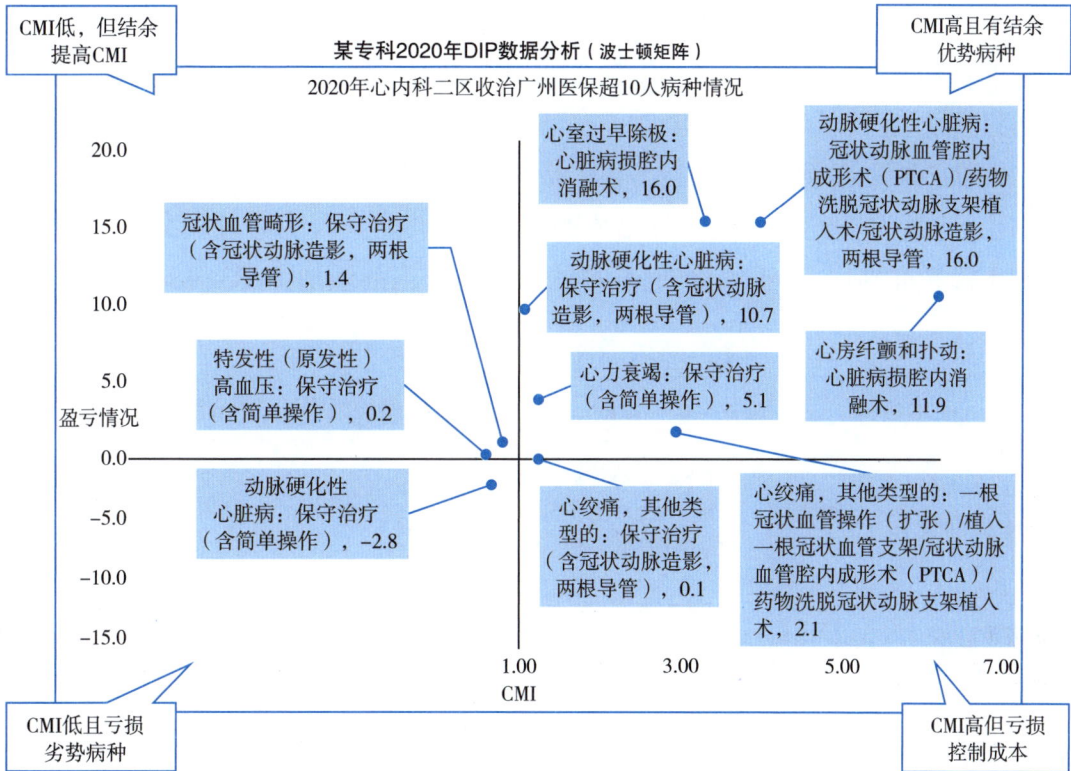

图 3-6　2020 年心内科二区 DIP 数据分析

序号	编码	名称	相关病种	分值区间	标准起始金额
1	N84.000	子宫体息肉	子宫体息肉	222 ~ 1565	3,108.00

病种名称：子宫体息肉

操作编码	治疗方式	标准分值	次均的100%	次均的50%	次均的200%
n(y)	保守治疗（含简单操作）	250	5,341.66	2,670.83	10,683.32
69.5901	电吸刮宫术	311	3,495.62	1,747.81	6,991.24
69.0902	宫腔镜诊断性刮宫术	244	5,161.55	2,580.78	10,323.10
69.0900	其他扩张和刮宫术	244	3,428.20	1,714.10	6,856.40
69.0901	诊断性刮宫术	244	4,618.64	2,309.32	9,237.28
69.0202	分娩后刮宫术	244	2,793.91	1,396.96	5,587.82
74.3x00x019	经阴道子宫瘢痕妊娠切除术	378	7,465.92	3,732.96	14,931.84
68.2917 69.0902	宫腔镜子宫病损切除术+宫腔镜诊断性刮宫术	483	6,823.28	3,411.64	13,646.56
68.2914 69.0902	宫腔镜子宫病损射频消融术+宫腔镜诊断性刮宫术	483	6,823.28	3,411.64	13,646.56
68.2915 69.0902	宫腔镜子宫内膜病损切除术+宫腔镜诊断性刮宫术	483	6,823.28	3,411.64	13,646.56
68.2913 69.0902	宫腔镜子宫病损电切术+宫腔镜诊断性刮宫术	483	6,823.28	3,411.64	13,646.56
68.2914 69.0900	宫腔镜子宫病损射频消融术+其他扩张和刮宫术	483	7,206.44	3,603.22	14,412.88

图 3-7　DIP 分值查询信息系统

四、重视病案，精准入组

病案首页和医保结算清单是 DIP 入组的核心依据，是医院 DIP 管理的重要抓手。医院加强临床科室培训，规范首页填写；加强编码员队伍建设，建立首页编码分级审查机制；开展病案质量专项督查，提高病案质量；校验医保结算清单接口文档和各字段数据来源,确保准确提取。月度申报报表时,重点关注结算清单中的疾病主诊断、手术操作、住院总费用等数据,确保数据上传到医保信息系统的完整度、正确性,准确入组。

表3-7所示案例中,病人行"半月板+前交叉韧带"手术,病变累及膝关节两个部位,诊断为"S83.7膝的多处结构的损伤"更准确。医院通过多次培训,提高了医生诊断准确性,修正了诊断,获得的分值比修正前增加1 683分。

表 3-7 案例:首页诊断填写情况对分值的影响

手术名称		诊断	DIP 病种组别	分值	分值差值
关节镜膝外侧半月板部分切除术 + 关节镜膝关节前交叉韧带重建术	修正前	S83.5 累及膝关节(前)(后)十字韧带的扭伤和劳损	S83.5:80.6×08 81.4504	2 888	1 683
	修正后	S83.7 膝的多处结构的损伤	S83.7:80.6×08 81.4504	4 571	

从该案例的手术记录(图3-8)可以看到,病人行"宫腔镜检查、子宫内膜粘连松解术、子宫颈管扩张、子宫球囊放置术"4个术式,原来首页只提及其中2个,入组分值为556分。医院通过多次培训,提高了医生首页手术操作填写的完整性,获得的分值比修正前增加58分(表3-8)。

手术经过、术中发现的情况及处理

1. 成功行静脉全麻后,病人取膀胱截石位,常规消毒外阴、阴道,常规铺巾,上阴道窥器后,Ⅲ型安尔碘再次消毒阴道、宫颈;
2. 探针探查宫深7cm,可顺利通过5号扩条,置入宫腔镜,以5%甘露醇液膨宫,设置膨宫压力为150mmHg,流量为500ml/min,于宫腔镜下见:宫腔形态失正常,两侧壁粘连内聚,宫底部崤状粘连突起,宫腔体积缩小约1/2;内膜尚平整,中等厚度,腔内未见赘生物;左侧宫角稍深入,双侧输卵管开口可见。予微剪剪开双侧壁及宫底部粘连后宫腔形态恢复正常。检查创面无活动性出血后,撤出器械。
3. 逐号扩条扩张宫颈至10号扩条,向宫腔内送入球囊支架,向球囊内注入3ml生理盐水,检查支架固定于宫腔内,后阴道填塞纱条1条,以固定支架尾端。
4. 术程顺利,术中病人生命体征平稳,尿色清,出血少,术后安返病房。

图 3-8 手术记录

表 3-8 案例:首页手术填写情况对分值的影响

诊断		手术名称	组别	分值	分值差值
N85.6 子宫内粘连	修正前	宫腔镜子宫内膜粘连松解术 + 子宫球囊放置术	N85.6:68.210169. 9100x002	556	58

诊断	手术名称	组别	分值	分值差值
N85.6 子宫内粘连	修正后	子宫颈管扩张＋宫腔镜检查＋宫腔镜子宫内膜粘连松解术＋子宫球囊放置术	N85.6:67.0x0068.1200x00168.2101 69.9100x002	614	58

从上述案例可以看到,临床医生在填写首页的时候,要准确、完整,病案编码员要正确理解诊疗信息,准确翻译成疾病编码、手术和操作编码,医院才能获得应有的DIP分值。

五、控制成本,合理诊疗

控制诊疗成本、保证合理诊疗,是DIP管理的核心工作,需要持之以恒、常抓不懈。统筹地区总额预算下的DIP支付规则中,同一病种组费用相对较低的医疗机构收益较大。基于这一原理,医院根据"二八定律",使用柏拉图等工具,找到费用超标前20%的病种;用"剥洋葱法"深层次分析超标病种费用构成。针对费用超标的原因,医院重点管控辅助用药、止血及防粘连材料、高值耗材;加强临床路径管理,合理检查、合理用药、合理治疗;推行日间手术,提高医疗资源使用效率。

案例1:合理用药——降低抗菌药物使用强度

医院成立由药学部、医务科、质评中心等科室组成的工作组,负责合理用药管理工作。管理措施包括:与临床科室签订抗菌药物使用强度目标责任状、宣讲抗菌药物规范使用管理规定、开展不合理用药点评、使用信息系统进行监控(如预防用药超48小时停药、治疗用药需填写"治疗指征"或"经验用药送检"等)。经过努力,医院抗菌药物使用强度逐月下降。(图3-9)

图3-9 2020—2021年各季度抗菌药物使用强度(DDDs)

案例2：合理使用耗材——降低止血和防粘连耗材使用量

医院成立由设备科、医务科等科室成员组成耗材管理委员会，负责耗材合理使用管理工作，于2020年起开展"降低止血和防粘连耗材使用量"的专项活动。管理措施包括：手术科室需要使用上述耗材时必须提交申请材料（国际/国家指南/共识/标准作为佐证材料，并由科室议事决策小组签名）至耗材管理委员会；经讨论通过后，按"四限"规定（限科室、限术式、限产品性状、限每台最大用量）在术中使用；如出现违规使用情况，则暂停使用权限3个月。经过努力，医院止血和防粘连耗材使用占比逐月下降（图3-10）。

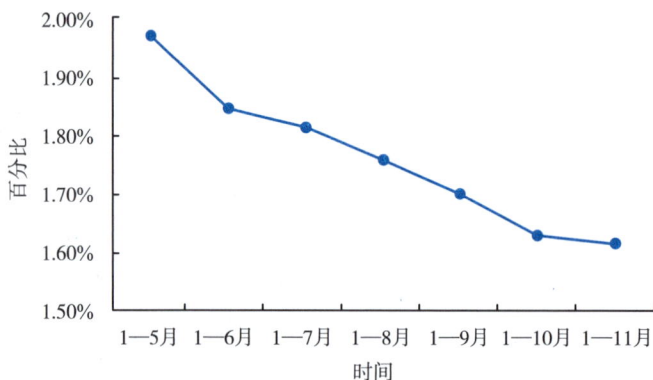

图3-10 止血和防粘连耗材使用占比变化趋势

六、调整结构，提高权重

权重系数是医院年度总分值的一个调整系数，也是DIP年终清算支付的关键指标，其重要组成部分是病例组合指数（Case Mix Index，CMI）。CMI值是指按病种支付的住院病人次均医疗费用与基准病种医疗费用或所有出院病例的平均费用的比值。CMI值与收治疾病的疑难危重程度呈正相关。

医院重点分析CMI值较低的科室，以及CMI值与实际诊疗能力或专科排名不匹配的科室，推行一系列措施提高CMI值。这些措施包括调整病种收治结构，减少基层病种收治，做好分级诊疗；开设日间化疗中心，减少住院化疗，优化医疗服务资源分配；收治医疗服务技术含量较高的病种，提高四级手术和微创手术占比等。

七、绩效考核，奖惩有别

为使临床医生在不遗余力攻克疑难杂症、提供高质量医疗服务的同时，合理适度地使用医保基金,医院参照医保中心与医疗机构年终清算结算模式,构建了"结余留用,合理超支分担"的激励约束机制,与临床科室的月度、年度绩效考核挂钩。

八、建言献策,优化规则

医院在 DIP 支持的实践过程中,还积极与医保管理部门充分沟通,从真实世界的视角建言献策,特别是在分值库动态调整、入组规则、权重系数、年度清算规则等方面提出合理化建议。通过不断地沟通协同,使 DIP 支付更加贴近临床实际和需求,更能体现医疗服务技术含量和医务人员劳动价值,进而形成良性互动、共治共享的优良环境,使支付方式改革行稳致远。

第四章

临床科室管理实施细则

当前,国家明确提出推动公立医院高质量发展以及 DRG/DIP 支付方式改革三年行动计划。高质量发展也是新阶段临床科室改革发展的必然要求。持续深化医保支付方式改革,就是要发挥 DIP 支付改革政策的"牛鼻子"作用,引导医疗机构合理诊疗,提高医保资金使用效能,推动临床科室逐步迈向规范管理、提质增效、惠民利民的新征程。DIP 支付改革政策的施行离不开医疗机构医护人员的积极响应与密切配合。临床科室是医疗服务的主体,是 DIP 支付改革政策组织实施的基本单元,是推进 DIP 支付改革政策贯彻落实的重要力量。

第一节　临床科室管理准备工作

临床科室医护人员是 DIP 支付改革政策的执行层、落地层,一线医护人员能否深刻领会 DIP 支付改革的精神要领、能否学懂弄通 DIP 支付改革政策的机制内涵至关重要,直接关系 DIP 支付改革政策实施的成败。

在 DIP 支付改革政策背景下,临床科室被赋予更多的责任与使命,不仅要学习掌握 DIP 支付改革政策的要点、重点、难点,更要坚守医疗的本质与初心,夯实诊疗质量与安全,确保病案书写规范准确,做到合理检查、合理使用药品耗材、合理诊疗,通过科学化、规范化、专业化、精细化的医疗质量发展,规范诊疗行为,保障医保基金合理使用,方能有效推动 DIP 支付改革政策的顺利实施。

一、组建 DIP 管理团队

临床科室需根据医院总体部署及科室实际情况,组建一支科室层面的医保 DIP 管理队伍,充分调动每一个成员的知识和技能,协同工作,将医保 DIP 管理作为科室一把手工程,列入科室重点工作。

首先,科室负责人应担任 DIP 管理小组组长,负责 DIP 全面管理工作。其次,设置 DIP 专管员,原则上由高年资医生担任,负责 DIP 的日常管理、培训、监控及督导。专管员应能有效了解临床活动中出现的问题并且能够迅速解决,尤其是在 DIP 质量的监控审核工作中。除此以外,有条件的科室可以充实组织架构,DIP 管理团队按需配备医保专管员、诊疗组组长、病案质控员、物价专员、科护长等人员,配合 DIP 专管员制订科室内部统一的运行规则,评估组织审核运行问题。

二、制订 DIP 专管员的职责

科室 DIP 专管员协助小组长负责 DIP 相关事务,具体包括:首先,组织开展 DIP 政策全员培训。其次,研究决定科室的定位发展与病种收治方向,病种收治流程优化与规范管理,资源调度、利用,成本核算与绩效分配问题。制订主要病种的临床路径。最后,总结 DIP 业务与管理中存在的其他主要问题及解决方案,达成共识以后由组长向医院 DIP 管理部门进行沟通、反馈。

三、制订 DIP 临床科室的实践标准

临床科室应注重制订 DIP 相关标准。

(一)制订主要病种目录

根据分级诊疗、学科定位与病种特点,对本科室收治的病种进行全面梳理分析,将病种按照重点病种、次要病种等目录范围进行分类归档管理,以明确收治原则与管理重点,不断优化专科病种结构,提升医疗技术水平,改善医疗费用结构。

(二)制订主要病种临床路径

按照学科诊疗特色优势,以循证医学为依据,结合本科室诊疗流程,避免个人收治的随意性,由科室管理团队制订相应病种最优的诊疗临床路径,包含各类病种的诊断标准、检验检查项目、药品耗材使用、手术治疗方案、护理要求等。临床路径一经确认,形成科室内统一执行的诊疗标准、规范指南,原则上不得随意

变更，如有异常或更新，需提出相应的行业标准、指南或规定交 DIP 管理小组重新审核变更。另外，要不断加强病种医疗质量安全管理，严格落实医疗核心制度，确保质量安全。

（三）制订重点监控药品、耗材目录

结合各级行政单位及医院颁布的药品、耗材医保目录及重点监控药品、耗材目录，制订本科室重点监控药品目录（含辅助药品、抗菌药品等目录）、重点监控耗材目录（含高值医用耗材、常用低值耗材等目录），严格科室二级目录库管理，结合临床路径方案，把控药品、耗材的适应证，尤其是新药、新材料的合理使用，遵循循证医学原则与卫生技术评估证据，规范诊疗行为中对药品、耗材的选择与使用。科室应遵循安全、有效、方便、价廉的原则，增强成本管控意识与高性价比理念，强化医保基金使用效率与病种合理收费管理。

第二节　临床科室管理具体实施

一、执行流程

为保证 DIP 管理流程规范性，科室整体流程设置应包括 4 个环节。

（一）限制病种收治范围，落实分级诊疗

按照科室可开展的诊疗范围梳理本科室的病种库，根据学科定位和优势，以病种诊疗为中心，实现专病专治、简化流程、缩短病人住院时间，以性价比最高、疗效最佳的诊疗方案开展诊疗。

根据医疗区域的发展，各级医疗机构的功能定位，严格遵照分级诊疗、入院标准等进行合理收治，将慢性或其他普通疾病引导至基层医院收治，将疑难危急重症、专科疾病、特色疾病等引导至上级医院或专科医院收治。区域内医疗机构加强区域联动，密切与上、下级医院的合作沟通，实现"重症上转、稳定下转"的双向转诊无缝衔接。双向转诊的分级诊疗制度既能解决慢性疾病病人长期在三级医院住院、浪费医保基金资源的问题，又能使亟需救治的人员得到充分的医疗保障。

（二）强化科室 DIP 学习与管理

临床科室定期邀请职能部门进行政策培训及质量通报。组建多学科协作诊疗团队，对手术风险大、医疗事故概率高的高难度病种及病例，进行多学科之间的联合诊疗，提升疑难复杂病人临床诊疗决策质量，以性价比最高、疗效最佳的

诊疗方案开展工作。定期对本科室各亚专科、各诊疗组的医保运营与质控指标进行回顾性分析、点评和互评,并通过多维度分析来改良诊治方式及临床路径。

(三)严格病案书写及质控

各医疗组认真填写病案首页,确保信息填写完整,主要诊断和其他诊断填写正确,手术和操作填写规范。尤其对并发症、合并症、既往疾病、家族史、医院感染、肿瘤转移、放化疗、疾病发展阶段、特殊操作、出院状态等进行完整记录,以便于各级医师的评估、编码员编码、病种的准确入组以及评审专家的审核,避免因漏填写(编码)、错填写(编码)而错误入组,甚至被判定为高套分值行为。

(四)做好临床路径质量控制

临床路径质量控制包括临床路径入径率,病种费用水平、费用结构合理性,大型设备检查合理性,合理用药用耗水平,病人满意度等情况。

二、运行分析

根据各级医疗机构的功能定位及科室实际情况,完善科室层面的激励约束机制。可建立 DIP 绩效考核,促进内涵式发展,体现医疗服务技术含量,推动临床科室不断加强精细化管理与高质量发展。

医院可对科室重点指标进行预警、分析及通报。

1. **诊疗行为指标** 设置不合理入院、分解住院、挂床住院等指标,定期获取相应的统计数据,由科室管理团队对违规情形及相关人员进行分析、通报、培训。

2. **病案质量指标** 设置编码准确率、出入院诊断符合率等指标,定期由科室管理团队进行审核、评估。

3. **收费行为指标** 对病种的药品、耗材、检验、检查、诊疗服务等收费行为的合理合规性定期进行自查考核,并就考核结果组织科内分析、通报、整改,不断规范收费行为,保障医保基金安全使用与病人权益。

第三节 DIP 支付下临床专科管理案例

在国务院推进医疗保障高质量发展的背景下,临床专科如何应对医保 DIP 支付带来的机遇与挑战,如何以建一流学科体系为核心,打造学科群领域,本文以广州医科大学附属第二医院胃肠外科专科实施为例,简述临床专科开展 DIP 工作的情况与成效。

广州医科大学附属第二医院一直以优异的成绩通过医保年度综合考评，获得"广州市医保信用'AAA'级定点医疗机构"以及"全国医保示范医院"等荣誉称号。为了更好地执行按病种分值付费政策，医院及临床专科在这4年里不断地进行学习和改进，并取得一定成效。作为一线临床工作者，能深切体会到基于大数据的按病种分值付费政策对临床工作、医院管理带来的实惠。

一、临床专科 DIP 管理体系

胃肠外科是普外科的二级临床科室。随着专科的细化，覆盖各专科的管理体系是管理工作的基础。该院以普外科行政主任为首，牵头各专科（胃肠外科、肝胆外科、血管外科、乳腺外科）主任组建普外科医保 DIP 管理核心组，负责总体决策和督导普外科 DIP 管理的全面工作，重点考核各专科是否将 DIP 运营管理作为科室一把手工程，并且评价其执行情况。各二级临床科室分别以科室为单位设立医保运营管理小组，根据二级临床科室名称命名为胃肠外科 / 肝胆外科 / 血管外科 / 乳腺外科 DIP 管理小组，由科主任担任小组组长，负责科内 DIP 全面管理工作，任命一名高年资的医生作为 DIP 专管员。专科管理小组定期向普外科医保 DIP 管理核心组汇报科室管理情况，参与核心组会议及决策。

胃肠外科 DIP 管理小组组长任命病区医疗质控员为 DIP 专管员，与组长一起带领团队进行 DIP 的日常管理工作，并参与挑选组内的参与人员。经商议，最终确定每个专病组年轻骨干医生各一名、医保专管员（医生）一名、科护长一名、物价兼管员（护士）一名、临床药师（由药学部提供）一名、病案编码员（由病案科提供）一名组成胃肠外科 DIP 运行管理小组的核心成员队伍。

二、临床专科 DIP 病种管理思路

临床科室作为医保 DIP 工作的执行者，对政策的正确理解以及自身的思想转变都是落地成败的关键因素。因此，院级、科级的多方位培训、学习是必不可少的环节。工作开展初期，月度至少邀请一次医保科、药学部、病案科的联合培训，每周进行一次科室讨论，从开始的医保 DIP 政策宣讲、病案首页填写规则、药品的合理使用，逐步到病种的合理诊疗、专科定位、提升技术以及改善医疗费用结构等，再深入探讨 DIP 管理的项目、流程，以便于制定可执行的方案。

实行DIP之前，广州医保执行的是总额预付、按定额付费等，每一位出院病人，不管是药物保守治疗，还是手术切除病灶，不管是传统治疗方案，还是高新技术，都共享一个定额，不超定额为结余，超额即亏损。由于存在定额红线，科室收治时

经常会因为诊疗个体化、多样化的需求而出现超额的情况,尤其是收治疑难危重病人都会使科室为之蹙眉,其住院时间长,费用大,基本上收治一个亏损一个。

实行 DIP 之后,临床科室认识到 DIP 付费不再是一刀切的管理模式,可以根据不同疾病的不同诊疗方式,找到对应的病种,针对不同的病种赋予相应的分值。以往那些"多快好省"的轻症疾病,分值权重侧重于一二级医院;那些被"顾虑"的疑难危重疾病,分值或 CMI 值都得到了充分体现,不再只是一纸论文的素材,而是成为了保障病人收治的一把利剑。因此,科室经过全面的梳理,根据学科的定位优化专科病种,分阶段制订优势病种、常见病种、学科发展病种等,最终形成科室收治的病种库,做到为各类病人"量体裁衣",合理疏导诊疗服务需求。

DIP 的实施实际就是各病种之间的博弈,收治区域之间的横向对比。一个 DIP 病种有同样的疾病诊断和同样的治疗方式,某医院或某科室或某治疗组的收治费用比同行高,甚至超过全市平均水平,就需要思考自身原因,考虑是否需要解决技术消耗、时间消耗、费用结构等问题。若大部分医院某病种的收治费用均超过全市以往的平均水平,就需要上级医保部门调研该病种或其分值的设定是否需要进一步调整。因此,科室筛选形成收治病种库以后,需要对每个病种进行临床路径的制订与管理,包括病种的重点药品和耗材、收治流程、手术方案、术后护理等。

广州市医疗保障局规定,择期手术术前 10 天内进行门诊术前检查费用,纳入当次住院结算。以甲状腺恶性肿瘤病种为例,此病种属于限期手术(择期手术类),所以在收治前做好入院预约管理,充分利用上述医保政策,依照临床路径安排这类病情稳定的病人在门诊进行合理的术前检查,防止出现过度检查。待完成术前检查后入院,即可迅速安排手术治疗,以缩短住院天数以及减少不必要的费用消耗。科室应加强围手术期管理,联合麻醉科、疼痛科做好术前气道评估、术中麻醉和手术管理、术后多模式镇痛等,降低麻醉、手术风险以及疼痛、出血、感染等所带来的费用消耗;结合营养科、血管外科等术后开展 ERAS 管理,包括营养支持、抗血栓治疗、心理治疗等,根据病人个体化原则,促进其快速康复出院,减少消耗。

三、培训提升病案书写质量

合理诊疗除了体现在实际的诊疗过程中,病案的准确记录也是必不可少的,记录我们所做的,才能更好地体现合理诊疗的依据。因此,DIP 实施的另一个重要环节就是病案的准确书写。面对繁忙的临床诊疗工作,尤其是外科医生经常需要手术的情况下，为了节省时间，医生往往在书写病历时只记录主要的疾病和主要的术式，而且多为一线医生书写。但 DIP 的病种设置是主要诊断＋各种相关术式搭配成不同的病种，分值与术式的种类、难度、数量相关，也就说不仅计算主要手术，还会与次要手术、各种操作等相关联，缺漏某些次要术式可能就会错误入组，导致无法体现该病人的治疗难度。

因此，实施 DIP 后，科内医生对病案书写的质量层层培训、分级审核，防止出现诊疗记录的遗漏导致错误入组，并且积极与病案编码员联动，给编码员普及临床诊疗知识以及孜孜不倦地请教病案编码原则，使临床与编码更好地契合，达成病种共识。

以甲状腺恶性肿瘤为例，甲状腺切除有多种术式，例如：

- 单侧甲状腺叶切除术
- 单侧甲状腺切除伴甲状腺峡部切除术
- 单侧甲状腺切除伴其他叶部分切除术
- 双侧甲状腺部分切除术
- 双侧甲状腺次全切除术
- 甲状腺全部切除术

每一种术式对应的病种分值不一样，如果伴随部分次要手术，例如：

- 喉返神经探查术
- 区域性淋巴结切除术
- 功能性颈淋巴结清扫术
- 根治性颈淋巴结清扫，单／双侧

所对应的病种分值又不一样。以往，医生在日常书写时没有过多关注，往往只写了主要手术，例如：

手术医生进行了"单侧甲状腺切除伴甲状腺峡部切除术"，匹配病种为"甲状腺恶性肿瘤：单侧甲状腺切除伴甲状腺峡部切除术"，合计为 1198 分。

由于恶性肿瘤侵犯淋巴结时还需要进行淋巴结清扫，如果手术医生进行"功能性颈淋巴结清扫术"，匹配病种为"甲状腺恶性肿瘤：单侧甲状腺切除伴甲状腺峡部切除术＋区域性淋巴结切除术"，合计为 1459 分。

由于进行甲状腺手术时经常需要喉返神经的探查保护，所以手术医生在上述手术时进行了喉返神经探查术，匹配病种为"甲状腺恶性肿瘤：喉返神经探查术＋单侧甲状腺切除伴甲状腺峡部切除术＋区域性淋巴结切除术"，合计为 1798 分。

上述病种分值截然不同,且有一定差距。如果仅关注重点手术的书写而忽略了次要手术、操作的填写,就会导致病案编码缺失,继而病种入组错误,白白丢失不该丢掉的病种分值。因此,临床科室改变了以往只关注手术而忽视病案书写的习惯,对病案书写质量的重视度应提到议事日程上来。

临床科室有了合理诊疗、合理控制成本的意识,设立科内重点指标进行预警、分析,以及建立运营奖罚机制。首先,科主任签署了科主任目标责任状,作为合理用药、合理诊疗、合理收费等重点指标控制的第一责任人。其次,科内管理目标由 DIP 管理小组进行指标细化,分层级落实相关责任人;通过给予进修培训、考证、奖罚等措施促使政策精准落地。科室运行管理核心团队定期进行病种执行情况的回顾,对科内需要完善的流程或诊疗技术一一梳理加以完善;及时对科内执行过程中发现的不合理且需要修订的病种提出修正意见,递交给医院医保部门向医保行政部门呈递。2018 年至今,DIP 执行四年余的时间里,为了保持与临床诊疗的一致性,病种分值库每年均有修订。

四、临床科室 DIP 管理成效

(一)总体结余情况

实施 DIP 付费以后,胃肠外科三年均有结余。次均分值每年均有增长,但 2019 年和 2020 年结余量较 2018 年减少,是由于 2018 年的分值单价均高于2019 年和 2020 年(表 4-1)。

表 4-1　2018—2020 年胃肠外科总体结余情况

年度	收治人次	结余 / 元	次均分值
2018 年	21 191	910 528	1 529
2019 年	21 118	475 370	1 590
2020 年	22 332	567 170	1 662

(二)医疗技术水平

科室收治病种种类逐步扩大,CMI 值(图 4-1)、三级和四级手术占比(图 4-2)、C 型和 D 型病例占比(图 4-3)均呈逐年上升趋势,费用消耗值及时间消耗值呈下降趋势,同期未发生低风险组死亡病例。医保医师考核以及广州医保病人满意度评分一直保持满分水平。

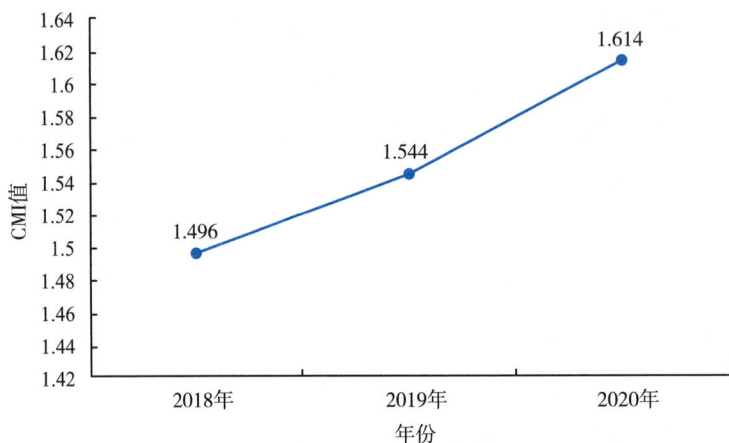

图 4-1　2018—2020 年 CMI 值

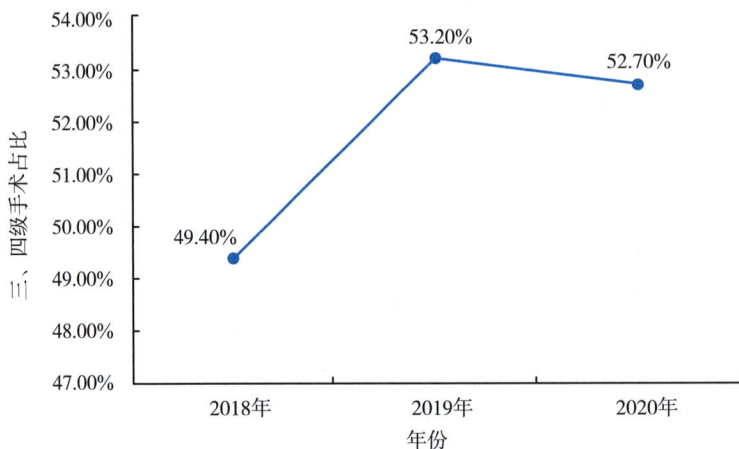

图 4-2　2018—2020 年三、四级手术占比

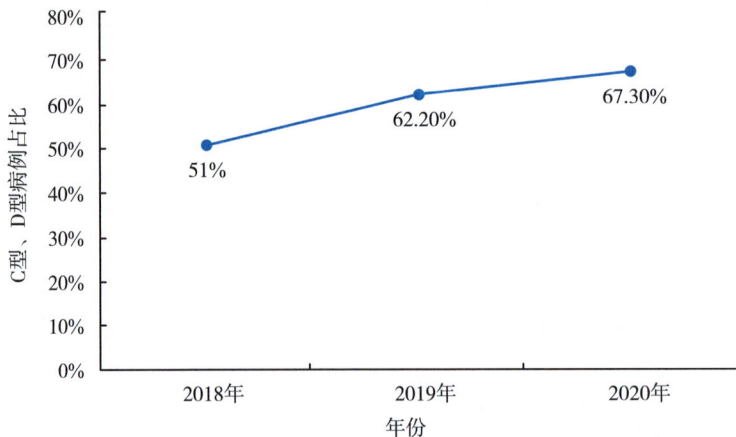

图 4-3　2018—2020 年 C 型、D 型病例占比

2020 年次均费用较 2018 年和 2019 年稍有增长（图 4-4），但纵观其 CMI 值、C 型和 D 型病例占比也同样增长，且有结余，说明由于收治病种难度增大，次均费用在合理增长区间。

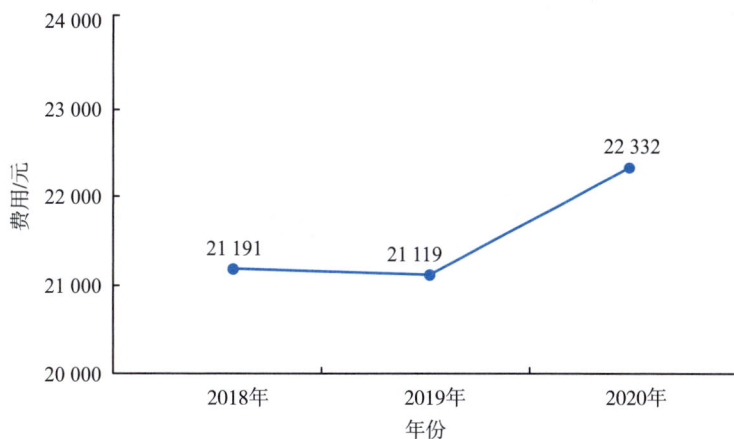

图 4-4　2018—2020 年次均费用

　　一线临床工作者从开始对政策的观望，逐步过渡到参与，最后已扎根为这项工作的"主人翁"。他们积极主动地推动、完善这项工作，离不开医院领导、科室领导的决心，各环节为临床保驾护航，让一线工作者义无反顾地投身于这项工作当中。大家真正参与才体会到收获，也会认真思考政策需要完善改进的地方，例如部分操作与诊断搭配不合理、分值库缺少某些主流手术、某些操作有重复性、部分疑难危重病例的分值还未真正体现难度系数、部分病种单纯主诊断没法区分基础疾病多或合并症、并发症多的收治难度等，临床工作者在实际诊疗中发现问题、提出问题，医保管理部门积极响应，动态完善病种分值库以及支付政策，尽力为医、保、患三方共赢找到一个平衡的支点。

第五章

医疗管理实施细则

DIP 支付方式推动医保从按项目付费逐渐转变为按价值支付,对医疗质量提出了更高的要求。医院医疗管理部门一般指主管医疗工作的部门,具体组织实施全院医疗工作,是推进全院医疗业务工作开展、保障医疗质量和安全的管理部门。在 DIP 支付的实施过程中,医疗管理部门主要在提升质量、规范行为、优化结构、提升效率四个方面发挥统筹、组织、实施、推进、考核等管理职能。

第一节　建设 DIP 模式下的医疗质量管理体系

一、基本要求

(一)医疗质量管理组织架构

医院应遵循《医疗质量管理办法》等相关要求,建立健全 DIP 模式下的医疗质量管理组织,包括医疗质量管理委员会、医疗管理职能部门、科室医疗质量管理小组。医疗质量管理委员会人员组成和职责符合《医疗质量管理办法》要求,指定或成立专门部门负责 DIP 日常管理工作,承接、配合各级质控组织开展工作,并发挥统筹协调作用。科室医疗质量管理小组的设置范围涵盖医疗机构内全部临床科室、门急诊、医技科室和其他辅助诊疗科室,组长由科室主要负责人担任,由专人负责 DIP 日常具体工作。

(二)医疗质量管理规章制度

医院应遵循医疗质量管理相关法律法规、临床诊疗指南、医疗技术操作规范和行业标准等,建立健全适合医院的 DIP 支付模式下医疗质量管理各项规章制度,建立与之相应的工作方案、操作规程、质量控制标准等可操作性文件,并定期审核、及时修订和完善不适用内容。

二、准备工作

(一)建立医疗质量管理工作机制

医院医疗质量管理各级组织、相关部门及人员根据医疗质量管理规章制度,履行相应职责。在医院医疗质量管理委员会领导下,医院应建立并落实全员参与、覆盖临床诊疗服务全过程的 DIP 医疗质量管理与控制工作制度,以及与 DIP 相关的医疗质量关键环节、重点部门的管理制度与措施,强化基于电子病历的医院信息平台建设,充分利用信息化手段引导医务人员在临床工作中落实 DIP 医疗质量管理与控制。

(二)建立医疗质量评价指标体系

依据卫生健康行政部门及各专业质控组织颁布的相关质控指标、标准和质量管理要求,医院应建立、完善涵盖 DIP 支付模式下"结构 - 过程 - 结果"的医疗质量评价指标体系,对全院临床、医技和其他辅助诊疗科室设定明确的质量安全指标,建立本机构医疗质量基础数据。指标可以包括但不限于以下方面:死亡类、重返类、手术并发症类、医院感染类、合理用药类、病人安全类、核心制度类、重点疾病与重点手术、单病种与临床路径等。

(三)建立医疗质量信息数据库

医院应建立 DIP 模式下的医疗质量控制、安全管理信息数据库及管理制度,指定部门负责收集和处理 DIP 相关信息。信息数据集中归口管理,方便主管部门与临床科室调阅使用,为制订质量管理持续改进目标与评价改进效果提供依据。

(四)建设医疗质量管理队伍

医院应加强 DIP 支付模式下医疗质量管理委员会 - 医疗质量管理部门 - 科室三级质控队伍建设,充分发挥专业人员在 DIP 管理工作中的作用;建立健全医疗质量管理人员培训制度,根据不同专业、不同层级、不同风险岗位制订相应的质量与安全管理的教育培训计划,组织开展规范化培训,质量管理人员掌握与 DIP 相关的内容并在工作中有效落实。

三、具体实施

（一）开展医疗质量监测评价

依据医疗管理质量控制制度，医院开展 DIP 支付模式下的医疗质量监测与评价工作。医院应明确相关监测指标数据采集方法与数据内部验证程序，包括监测范围、周期及方法。监测范围应覆盖全部科室；监测周期应根据监测指标性质确定，开展月度、季度或年度监测；监测方法应根据监测项目确定，包括现场检查、病历检查、系统监测、问卷调查等。熟练运用医疗质量管理工具开展医疗质量管理评价，规范临床诊疗行为，对质量与安全工作实施监控，定期总结、分析、评价、反馈质量安全指标变化趋势，对负向趋势有针对性地改进措施并落实。建立医疗质量内部公示制度，对各科室医疗质量关键指标的完成情况予以内部公示。

（二）进行医疗质量考核

医院需制订符合本院实际的 DIP 支付模式下质量考核体系，包括考核目标、考核指标、考核标准和考核办法等，建立激励约束机制，将医疗质量管理情况纳入绩效考核，并作为晋职晋级、岗位聘用、评优评先的重要依据。各主管部门应履行指导、检查、监督、考核评价和控制管理职能，并作履行职责的工作记录。

（三）建立长效管理机制

医院需建立全员参与、覆盖临床诊疗服务全过程的 DIP 支付模式下医疗质量长效管理机制。对医疗质量管理要求执行情况进行评估，对医疗质量信息数据开展内部验证并及时分析和反馈，对医疗质量问题和医疗安全风险进行预警，对存在的问题及时采取有效干预措施，评估干预效果，促进医疗质量的持续改进。建立全员学习机制，定期开展形式多样的政策法规、管理能力、专业技能和质量安全培训、考核、宣传、教育活动，牢固树立正确的质量和安全意识，运用医疗质量管理工具开展质量持续改进，形成医疗质量安全文化。

第二节 实施临床路径规范诊疗行为

一、基本要求

规范诊疗流程是实施 DIP 支付的基本条件和质量要求，实施临床路径能有效规范诊疗流程，有效推进 DIP 支付方式改革。临床路径是医护及其他专业人员针对某些病种或手术,以循证医学依据为基础,以提高医疗质量、控制医疗风险和提高医疗资源利用效率为目的,制订有严格工作顺序和准确时间要求的程序化、标准化的诊疗计划。条件成熟的 DIP 支付应用地区应按照国家 DIP 技术规范要求提高临床路径管理水平和实施效果,保障医疗质量与安全。

临床路径管理能有效减少诊治过程的随意性,促进治疗的标准化、同质化,增强诊疗行为的规范性,优化服务流程,对提高医疗质量和控制不合理医疗费用,促进医疗质量管理精细化、专业化具有十分重要的意义,能有效降低病人负担,改善病人就医体验。

(一)临床路径管理工作组织

医院应遵循《临床路径管理指导原则(试行)》等相关要求,建立健全临床路径管理工作组织,包括临床路径管理委员会、临床路径指导评价小组和科室临床路径实施小组。各工作组织成员应掌握与 DIP 相关的知识内容,并在临床路径的管理工作中有效落实。

临床路径管理委员会负责统筹全局,审定临床路径管理方案、制度、规划、总结、关键数据、考核监测指标等,协调各级组织开展工作。临床路径管理委员会由医疗机构主要负责人和分管医疗工作的负责人分别担任正、副主任,相关职能部门主要负责人和临床、护理、药学、医技等专家任成员。

临床路径指导评价小组是管理委员会的日常管理部门,负责落实管理委员会的各项决议,对实施小组进行技术指导、对实施过程开展评价和分析等。临床路径指导评价小组由医疗机构分管医疗工作的负责人任组长,相关职能部门负责人和临床、护理、药学、医技等专家任成员。

临床路径实施小组在指导评价小组指导下开展本科室临床路径管理工作,负责各病种临床路径的实施、修订,参与效果评价及持续改进等工作。临床路径实施小组由临床科室主任出任组长,该临床科室医护人员和药学、医技等相关科室人员担任成员。

(二)临床路径管理工作制度

医院应遵循《临床路径管理指导原则(试行)》和《国家医疗保障按病种分值付费(DIP)技术规范》等相关规定的要求,建立临床路径管理工作制度,制订管理细则,明确工作流程和质控指标,定期开展制度的审核、修改和完善工作。

二、准备工作

医院应建立临床路径管理工作机制。在临床路径管理委员会的领导下,各级管理组织部门、职能科室和临床科室切实履行职责，全员参与，规范开展临床路径。临床路径管理基本路径为：

1.依据临床路径管理制度要求，院科两级明确专人负责临床路径管理工作。

2.组织开展临床路径和 DIP 相关内容的规范化培训。

3.加快信息化建设，将临床路径、规范指南等通过电子病历、知识库、智能审核等多种方式嵌入医务人员工作站，借助临床路径信息化管理平台，引导临床路径的规范开展，提高工作效率，促进合理诊疗。

三、具体实施

（一）临床路径制订

临床路径病种选择的原则是选取诊疗方案明确的常见病和多发病，优先选择国家卫生健康行政部门已经发布的临床路径病种及 51 个单病种。

如果一个病种有多种治疗方案且各治疗方案差异较大，可以建立多个临床路径进行管理。建议借鉴 DIP 分组，将诊疗流程相似、住院费用差异小的 DIP 组纳入同一个临床路径管理，各临床路径应确定明确的入径标准和完成标准。

各临床路径文本应以卫生健康行政部门印发的临床路径文本为基本框架，至少包括入组标准、参考费用、参考住院天数、路径节点的设置及各节点主要诊疗工作、主要护理工作和重点医嘱等内容。医疗机构可按照临床路径开展费用测算，促进 DIP 与临床路径的有机结合。

各临床路径的主要诊疗流程应遵循循证医学原则，符合最新的专业诊疗指南、临床技术操作规范及基本药品目录等要求，细化各节点内的诊疗项目，确定路径内的药品、耗材及检查检验项目，建立适合本医院使用的临床路径诊疗方案和流程。临床路径文本应当包括医师版、护理版和病人版，各版本相互关联统一。病人版临床路径文本应具备诊疗流程告知和健康教育功能。

（二）临床路径实施

临床路径实施前，临床路径管理委员会应首先组织有关人员培训，培训内容主要应包括临床路径基础理论、管理方法和相关制度、路径主要内容、实施方法、评价制度、DIP 相关内容等。

医院应规范实施临床路径，严格按照临床路径管理有关要求开展诊疗工作。医疗机构应基于国家所发布的疾病诊治、药品应用等指南和规范，实施医疗服务全程管理。在实施过程中，精准把握临床路径的入径评估和退出管理。入径病例应严格遵守临床路径诊疗流程，合理检查、合理用药、合理治疗，因病施治。逐步提高临床路径管理病例入组率和完成率,增加住院病人临床路径管理比例,记录和分析临床路径变异,对反复发生的可能影响病种临床路径实施的变异,应及时分析原因,必要时通过修订临床路径等措施进行整改。动态监测变异率,定期组织变异原因分析、评估,降低变异率、退出率,持续完善临床路径管理。

(三)临床路径质量控制

依据卫生健康行政部门管理要求,医院应建立全员参与、覆盖临床诊疗服务全过程的临床路径管理质量控制体系,以病种为单位建立本院临床路径质量数据库,熟练运用医疗质量管理工具开展质量管理与自我评价,进一步规范临床诊疗行为,服务 DIP 相关工作。逐步建立以病人为中心,医疗质量安全管理科学化、精细化水平持续提升,优质高效的临床路径质控与评价体系,包括下列指标:

1. **整体质量指标**　进入路径的病人总人数、完成路径的人次数、进入路径病人占出院病人比例、入径率、完成率、变异率。

2. **过程质量指标**　必选医嘱执行情况和路径外医嘱执行情况。

3. **终末质量指标**　平均住院日、死亡率、医院感染发生率、31 日非计划再住院率、并发症发生率、使用三线抗菌药物的病人比例、病种次均费用、病种抗菌药物费用比例、病种检查费用比例、病种耗材费用比例等指标,手术病人还应包括术前平均住院日、手术部位感染率、非计划重返手术室率等。

针对实施过程中发现的问题,医院应开展优化诊疗流程、合理配置医疗资源等持续改进工作;建立完善奖惩机制,科学引导医务人员规范诊疗行为,提高工作效率和质量,保障医疗安全。

(四)临床路径信息化管理

传统临床路径的落实主要通过医嘱,但开具医嘱和执行临床路径的时间点常不一致,且缺少信息化手段的管理和支持,导致路径实施过程中缺乏必要的监督和质量控制,也不利于数据统计分析及效果评价。临床路径的信息化管理能显著提升医务人员工作效率和管理效率。医院应当按照信息化建设的有关要求,将临床路径管理信息化纳入医疗机构信息化整体建设,达到有机统一,互联互通。将临床路径有关文本嵌入信息系统,逐步将药学服务、检查检验服务等纳入临床路径管理,增加住院病人临床路径管理比例,实现临床路径"医、护、患"一体化,增强临床诊疗行为规范度和透明度,推进临床路径信息化管理,提高医疗资源利用效率。医院可通过信息化技术手段统计、分析临床路径管理数据,为提高管理质量和水平提供客观依据。同时鼓励医院将智能终端、物联网技术等运用到临床路径信息化管理,减轻临床科室和管理部门工作负担,提高工作效率。有条件的医联体内医院可以探索建立一体化临床路径,各级医疗机构分工协作,为病人提供顺畅转诊和连续诊疗服务。此外,为配合信息化的开展,医院也需要做好临床路径管理的临床科室和管理部门相关人员信息系统操作培训和指导。

总之,临床路径是医院管理深入到病种管理的体现,是一套行之有效的新型医疗质量管理模式。临床路径中诊疗过程的工作内容、顺序、时间都有着严格的控制标准,促进了诊疗的精细化与标准化发展,使医务人员在诊疗过程中有章可循,有利于规范诊疗行为,提高医院的整体医疗质量并有效降低风险,提高医疗资源利用效率。在医药卫生体制改革环境下,DIP与临床路径管理有机结合、相互促进、共同发展。临床路径在规范诊疗行为、提高医疗水平、减轻病人就医负担中起到关键性作用,DIP推动临床路径效益提升、进一步促进临床路径的精细化管理。二者有机结合能较好促进医疗资源优化、提高医疗服务质量,提升医院的经济效益和社会效益。

第三节　合理优化病种结构

2015年9月,《国务院办公厅关于推进分级诊疗制度建设的指导意见》(以下简称《指导意见》)明确提出建立分级诊疗制度,是合理配置医疗资源、促进基本医疗卫生服务均等化的重要举措,是深化医药卫生体制改革、建立中国特色基本医疗卫生制度的重要内容,对于促进医药卫生事业长远健康发展、提高人民健康水平、保障和改善民生具有重要意义。《指导意见》从国家层面明确分级诊疗的重要性。医保支付改革是"三医联动"改革的重要环节,是发挥医保杠杆作用撬动分级诊疗的关键。DIP作为我国特色医保支付方式,可以引导病人有序就医,三级医院主动下转难度较低的常见病、多发病,基层医院有效承接,激发各级医院优化病种结构的内驱力,最终达到分级诊疗的目的。

一、基本要求

医保支付方式改革的一个重要功能是通过购买服务,区分不同层级医院生产医疗产品的差异,引导医院明确功能定位,从而推动医院根据其功能定位和技术能力合理优化病种结构。从病人的角度来说,医院在具备相应医疗技术能力的前提下,病人可以根据疾病难度有序选择就诊医院级别。因此,以DIP为主导的医保支付改革,引导各级医院合理优化病种结构,将对实现政府、医院、病人三方共赢有着十分重要的意义。

二、准备工作

医保支付改革的重要目标是将有限的医保资金充分有效地利用。DIP 支付是中国独创、具有鲜明中国特色的支付方式,其分组细致,少则几千个分组,多则上万个分组。因此,针对 DIP 分组进行医院管理实践与研究,提出符合自身医院发展方向的策略尤为重要。

首先,学习和理解 DIP 的政策,从医院发展、专科建设、医院当前的优劣势等方面进行分析,从医疗管理角度认真对待 DIP 医保支付改革工作。将 DIP 分组病种与医院收治病种、主要治疗方式、费用差异、质量安全等方面进行对照分析和开展研究。针对 DIP 支付改革中医院存在的不足,着重从病种结构的角度提出解决问题的办法。

其次,针对 DIP 支付改革,从病种结构优化、专科建设、医院发展等角度探索一套管理评价指标,作为 DIP 医疗管理体系的核心动力,真正将 DIP 支付改革贯彻实施,在医院内部实现"三医联动"。

最后,利用信息化手段,动态跟进专科病种结构特点,从 DIP 支付结余与超额情况着手,分析原因,找到与病种结构的相关因素,推动病种结构合理优化。定期总结、分析 DIP 支付存在的问题,从医院和科室的病种结构查找深层次的问题,不断修正医院发展方向。

三、具体实施

DIP 的分组理念是针对同一诊断不同治疗方式进行细分组,相比其他支付方式分组细致程度更高,相对而言也会更加精准。从医院病种结构调整来看,不同层级医院存在的问题不同,可将 DIP 病种分组从医疗角度进行分析和研究,进一步明确具体实施方案。

(一)病种结构现状分析

对三级医院病种结构进行现状分析,可分为 4 类情况。

1. 医院疾病覆盖有限、治疗手段单一,服务能力相对有限,病种结构不合理导致医疗成本过高,在 DIP 支付下未能实现费用盈余。

2. 医院疾病病种繁多,但是收治病种以疾病难度较低的病种为主,与二级医院收治病种重叠较多,未能充分体现三级医院的功能定位,DIP 支付下未能实现费用盈余。

3.医院疾病病种和治疗方式基本符合三级医院发展方向,但存在费用管控问题。费用管控主要涉及医疗运行效率和质量安全,良好的医疗运行效率和质量安全水平能够更好地节省医保费用。

4.在国家公立医院绩效考核和医保支付改革的背景下,医院针对 DIP 医保支付方式,有意识地开展精细化管理,积极推进合理优化病种结构。

对二级及以下医院病种结构现状进行分析,可分为 3 类情况。

1.医院病人来源相对缺乏,收治的病种有限,难以形成专科发展合力,对于优势病种的培育、发展缺乏方向,难以开展病种结构优化,需要先提升业务量,才能探讨病种结构优化。

2.医院管理意识缺乏,认为病种结构优化必须在全院范围内开展,未意识到可从局部开始着手,尤其是从特色专科和优势专科开展。

3.医院立足其所在区域,采取各种手段提升医疗技术水平,配合医保政策增加病人来源,具有一定体量,可以分析病种结构优化的方向,并逐步推进病种结构优化。

(二)病种结构优化方向

1.择优选择病种　DIP 分组上万,组别之间的病例数差异巨大,一家医院难以涵盖所有病种,医院可以从中选择符合本院发展的优质病种。所谓优质病种,大致可以分为 3 类:一是 DIP 医保支付现在有结余的病种;二是可以通过改善管理实现 DIP 医保支付结余的病种;三是可通过扩大病例收治数量体现病种优势从而实现 DIP 支付结余的病种。以上特点的病种均可视为优质病种,可优先发展。

2.大力发展手术和介入手术　无论是从国家公立医院绩效考核还是医保支付改革方向来看,手术和介入手术分值较高,三级医院应当充分体现其技术水平和技术能力,大力发展手术和介入手术,提高手术科室手术率。

3.利用 DRG 评价推动专科建设　针对内科治疗科室、外科治疗科室、介入手术科室分类分析病种结构,联合 DRG 管理工具,通过 CMI 值评价技术难度,有效推进专科建设,合理优化病种结构。

4.积极推动新技术发展　DIP 支付改革实施对医疗最大的两个影响,一是其能够及时补偿新技术和高难度技术的医疗费用,更好地促进医疗技术的发展和进步;二是 DIP 可根据不同治疗方式进行分组,促进临床多种治疗方式。

5.动态关注病种结构变化　通过定期的数据分析,动态关注院科两级的病种结构变化,结合 DIP 医保支付,促进医院良性发展。

第四节　提升医疗运行效率

2016 年,习近平总书记在全国卫生与健康大会上的讲话指出,要抓好建立现代医院管理制度建设,推动医院管理模式和运行方式转变;要显著提高医院管理的科学化、精细化、信息化水平,规范医疗行为,不断提高服务能力和运行效率。2017 年《国务院办公厅关于建立现代医院管理制度的指导意见》(国办发〔2017〕67 号)提出,要努力实现社会效益与运行效率的有机统一,实现医院治理体系和管理能力现代化。近年来,《管理会计基本指引》《国务院办公厅关于加强三级公立医院绩效考核工作的意见》等有关文件提出医院运营效率要体现精细化管理水平,推进业务和财务深度融合。《关于加强公立医院运营管理的指导意见》(国卫财务发〔2020〕27 号)要求推进管理模式和运行方式加快转变,进一步提高医院运营管理科学化、规范化、精细化、信息化水平,彻底扭转重资源获取轻资源配置、重临床服务轻运营管理的倾向,提升精细化运营管理水平,向强化内部管理要效益。

进入高质量发展新阶段后,人民群众多层次多样化医疗健康服务需求持续快速增长,加快提高医疗健康供给质量和服务水平,是适应我国社会主要矛盾变化、满足人民美好生活需要的要求,也是实现经济社会更高质量、更有效率、更加公平、更可持续、更为安全发展的基础。《国务院办公厅关于推动公立医院高质量发展的意见》,明确了公立医院高质量发展的目标是实现"三个转变",其一即发展方式从规模扩张转向提质增效。

一、基本要求

在医保支付改革的背景下,提高医疗运行效率是推行 DIP 付费的应有之义。医院应当重视提高医疗运行效率,通过提高医疗运行效率提升医疗服务产出,使医保基金利用更有效率、更有效果,让医保基金用在"刀刃"上,减少效率不高带来的损耗,主要包括 5 个部分。

(一)关注平均住院日

DIP 分组精细,组间差异大,组内差异小,更加重视组内治疗的同质化。要达到同质化的效果,医院应当关注平均住院日,防止由于疾病治疗不当导致住院时间延长,造成人民群众就医负担加大。

（二）重视病床使用率管理

为了让有限医疗资源服务于更多的病人，病床使用率需要达到一定程度，才能生产出更多的医疗服务产品，增加医疗服务量，充分利用有限的医疗资源，增加优质医疗资源。

（三）鼓励开展日间手术

日间手术是一种高效、经济的新型医疗模式，病人在 24 小时内即可完成入院、手术、术后短暂观察恢复和办理出院（非门诊手术），通过高效、快速运转，可以更好地减轻病人负担。日间手术本身是提高医疗服务效率、加快床位周转的措施之一，在任何一种支付方式下均可实施。DIP 支付下的病种分组较为精细，医院通过提高手术能力、优化围术期管理路径，将原本住院时间较长的手术转为日间手术，使同类病种收治规范化和费用标准化，能够改善病人就医体验和增加社会效益，达到医院、病人、医保共赢的目的。

（四）积极开展加速康复外科

加速康复外科（enhanced recovery after surgery，ERAS）亦称快速康复，指采用一系列经循证医学证实有效的围手术期优化措施减少外科应激、加快术后康复。实施 ERAS 能够提高医院疾病诊治水平，减少并发症，缩短病人住院时长，降低费用消耗，使病人获得更大的社会效益。

（五）推行 MDT 诊疗模式

MDT 模式是由多个学科专家组成小组，针对某一疾病，通过定期会诊形式，提出适合病人的最佳诊治方案，继而由相关学科或多学科联合执行该治疗方案的诊疗模式。对于复杂疑难病例，既往传统会诊流程是逐个科室单线进行，导致住院时间延长，病人成本增加。MDT 是多个学科会诊同时进行，综合病人整体病情选择最优诊治方案，可以提升诊疗效率、节约时间成本和提高治疗效果。在 DIP 支付方式下开展 MDT，加快同一病人多种病种收治，提高运行效率，降低直接医疗费用成本，节省病人往返医院所产生的间接成本，达到提质增效的目的。

二、准备工作

对应以上基本要求，分别从 5 个角度分析不同级别医院医疗运行可能存在的问题，了解不同类别医院在住院时长方面可能存在的问题，理性分析，慎重抉择。

（一）平均住院日

1. 一级和二级医院可能存在的问题

（1）在病人来源不足的情况下,可能存在以较长住院天数换取较高病床使用率的情况。

（2）受限于医疗技术、医疗质量安全水平、药品、器械设备等方面可能存在不足,病人治疗所需时间相对较长。

（3）缺乏提升医疗运行效率意识,未能与现行医保支付改革方向保持一致。

2. 三级医院医疗运行可能存在的问题

（1）由于病人数量较多、大型设备检查等候时间长、手术室资源紧缺等原因,病人平均住院日较长。

（2）各项流程繁杂,且流程之间衔接不够紧密,导致住院时间耗费较长。

（3）收治危重疾病数量相对较多,医院分科较细,未能很好地开展多学科诊疗,同时院内各项流程等候时间长,在一定程度上造成病床周转率低。

（二）病床使用率

根据不同级别医院的情况,一、二级医院可能主要由于病人来源不足,病床使用率相对较低;三级医院一般病人来源相对充足,病床使用率不高可能主要由于流程衔接不够紧密,医院不重视医疗运行效率的提升。

分析医院内部科室病床使用率时,医院应结合 DIP 医保支付结余情况等多种因素看待病床使用率,了解和掌握不同类别科室的病床使用情况,分析各类科室病床使用率低是由于病种来源不足,还是由于医疗流程衔接不够紧密。

（三）日间手术

日间手术,源于大型三甲医院床位资源紧张、床位满负荷运转的情况下,为加快病人周转、提高床位效率、缩短平均住院日而产生的模式。在 DIP 支付背景下,希望通过开展日间手术减轻病人负担,应先思考和明确 3 个重点。

1. 明确功能定位和发展方向　对于区域医疗中心、专科特色鲜明或地区诊疗水平较高的三级医院,病人来源稳定,等候入院病人多,开展日间手术对缓解床位紧张,增加优质医疗服务有迫切的现实意义。对于二级或以下级别医院,病人来源不多、空床较多,如果开展日间手术,可能会造成床位使用率进一步下降,导致日间手术中心空转、难以形成规范化流程等情况。因此,不同级别、不同类型的医院应根据自身实际明确功能定位和发展目标,分析是否开展日间手术的利弊,尤其是对于病人负担减轻、就医体验的改善有无实质性帮助,再确定实施步骤。

2. 分析拟开展日间手术的术种和科室 一般日间手术术种的选择,会优先考虑发病率高、病人来源稳定、容易实施的"短、平、快"手术。在 DIP 支付"挣工分"的理念和分级诊疗政策导向下,分析医院近 3 年各专科手术结构,分析费用构成和住院时间等指标,结合 DIP 支付病种分值和结余情况以及病人来源稳定性等实际,选择优质手术开展。最终达到节省医保费用、减轻病人负担的目的。

3. 确立日间手术拟开展模式 日间手术模式包括集中式管理、分散式管理和半集中式管理三种。集中式管理是指医院设置专门的日间病房和手术室,集中收治和管理日间手术病人的模式。分散式管理是指医院各病区预留专用床位收治日间手术病人,在大手术室或专科手术室完成手术的模式。半集中式管理是指医院设置日间服务中心负责日间手术病人术前评估、预约及随访等服务,由各病区分别收治,并在大手术室或专科手术室完成手术的模式。医院应根据人员、场地等资源配置实际情况,明确日间手术的开展模式。

(四)加速康复外科(ERAS)理念

实施 ERAS,需要通过加强围术期管理,提高手术效率、减少手术并发症。除手术科室以外,开展 ERAS 需要多学科技术支撑。最终的目的是使得病人更快康复,减少医疗支出有效控制病种费用成本,在 DIP 支付中实现最大化的病种盈余。

(五)MDT 诊疗模式

开展 MDT 工作要求医疗机构设置较齐全的诊疗科目,综合实力较强,有一定的病例数量,有固定团队,定期开展讨论,诊疗决议切实可行,团队成员沟通良好。

1. 完善架构和建章立制 医院成立院级 MDT 管理组织,负责医院 MDT 日常管理和运行,负责建立 MDT 工作制度、岗位职责、操作流程、诊疗规范等工作文件。

2. 组建病种团队 由临床专家发起,组织团队成员和秘书建立专病 MDT 团队,包括首席专家(发起专家)、专家成员、MDT 秘书。首席专家需要具备足够的权威性和号召力,能以循证医学科学指南为基础,带领多学科团队打破学科间壁垒。专家成员具备团队精神,掌握本领域最新进展和诊疗指南,一般由副主任医师及以上职称人员担任。团队固定排班,明确病种 MDT 进入标准,建立 MDT 病人档案。

三、具体实施

（一）有效缩短平均住院日

1. 医院管理者应动态关注平均住院日情况，分析造成平均住院日长的原因，探索进一步缩短平均住院日的方案。

2. 根据科室病种收治情况，医院管理者应结合 DIP 医保政策实施后组内和组间的平均住院日差异，找出节省医疗费用的工作方向，切实帮助病人节省支出。

3. 通过缓解医技科室的瓶颈和利用医保政策，医院管理者应积极推进"预住院"模式，有效缩短平均住院日，提升运行效率。对于影响医疗效率的检查预约等候时间，如 CT、MR、B 超（心脏彩超）、胃肠镜等检查项目，积极采取各种措施，缓解瓶颈问题，改进医院管理流程。

4. 在实施 DIP 医保支付的情况下，大型三甲医院手术科室病人的疑难危重程度相对较高，医务管理部门可以在院内调配医疗资源，优先安排手术科室的检查及缩短检查报告的时间，加快术前的周转效率，为病人提供优质高效的医疗服务。

（二）提高病床使用率

1. 明确病床使用率的目标　医院应做好流程衔接以及周末、节假日病人收治，提高床位使用率，将床位资源利用最大化，以有限的床位资源收治更多病人。

2. 分析医院内部科室病床使用情况　优势科室通常是病源充足，床位利用效率高，在 DIP 医保支付模式下运转较好，能够实现百姓获益。此类科室可以进一步扩大床位规模。医院可通过院内调配床位和增加病区的方式，增加优势科室的床位规模，最终达到优化病种结构、符合 DIP 医保支付导向的目的。

（三）推进日间手术开展

通过深入分析和思考，明确开展日间手术有利于医院发展和减轻病人负担，可按下列 3 个步骤具体实施。

1. 成立管理组织，制订标准流程　成立日间手术管理委员会，负责日间手术各项重大管理决策。同时建立院内日间手术管理制度，确定运行流程、准入标准、质量控制等，并定期更新修订。各开展科室应建立病人准入、医师准入、病种准入三大准入标准；实施入院前评估、手术前再评估、术后评估和出院前评估四个评估标准；完善住院期间和出院后应急预案，做好日间手术入院至出院后的全程管理；制订各日间手术术种诊治流程，统一术前检查项目、术中处理、术后复查等流程，规范病种诊疗路径。

日间手术模式改变了传统住院手术流程，医务管理部门应制定与日间手术配套的医疗文书要求或管理规范，在保证医疗质量和不违背病历书写原则的基础上，简化日间手术医疗文书的书写工作。

2. 设立开展日间手术的业务场地　根据医院日间手术开展模式，在院内划分出适宜的业务场地开展日间手术。集中式管理要提供独立的日间手术中心场地，半集中式管理要设置日间综合服务部门场地，分散式管理要在专科病房预留专用日间手术床位。

3. 完善日间手术相关管理措施

首先是信息系统建设，医务管理部门需要根据医院日间手术开展模式，提前改造院内信息系统或购置独立的日间手术信息管理系统，通过系统实现诊疗流程闭环管理，提高运行效率和规范管理。

其次是制定日间手术绩效激励方案，结合 DIP 支付日间手术病种结余、医疗业务指标改善等情况，制定对医生、科室绩效激励方案。

最后是做好日间手术指标评价工作，定期统计日间手术指标数据，做好日间手术病人指标评价和管理。

（四）积极推进 ERAS

1. 完善管理制度，建立标准化路径　各专科制定 ERAS 的管理制度，确定运行机制、各病种入组标准、评价标准等文件，并定期更新修订完善。同时根据关于 ERAS 的行业指南和专家共识，组织制定 ERAS 的病种标准化流程和临床路径。

2. 确立病种和组建团队　各专科可根据本专业特点确立能开展 ERAS 的术种，并与相关科室协作，形成相对固定的专家团队，团队成员思想统一，主动学习 ERAS 的最新指南和专业技术规范。

3. 开展医护人员和病人宣教，普及 ERAS 理念　通过邀请专家培训、开展各科室间交流、使用宣传墙报和宣教手册、开展大众媒体和自媒体宣传等多种形式，各专科应对医护人员和病人普及 ERAS 理念，营造 ERAS 氛围，配合各项康复措施的实施。

4. 提供平台和信息化支持　根据医院实际，院方可设立入院准备中心、出入院服务中心等平台，提供 ERAS 病人术前检查预约服务，减少术前等待时间。通过升级改造信息系统，各专科应对加速康复外科入组病人进行信息标识，以便后续进行数据统计分析，比较普通流程和 ERAS 流程病人的医疗指标情况。

5. 建立指标体系，定期开展评价　院方应建立完善 ERAS 评价指标，通过定期查阅病历，检查入组病例是否能规范按照标准化流程和临床路径实施相关诊疗。有条件的医院,可建立 ERAS 病种管理数据库,通过提取各病种数据,有利于 DIP 病种费用成本分析,针对性地改进病种诊疗路径,最大化地降低费用成本。

(五)有效发挥 MDT 诊疗作用

1. 建立病种诊疗规范和 MDT 开展流程 各 MDT 诊疗组应根据各专业最新临床诊疗指南、医疗技术操作规范和行业标准,制定专病诊疗规范,固定开展时间、地点、团队成员,合议专病 MDT 开展流程和病例讨论书写格式。具体开展流程包括:每例病人评估是否符合 MDT 入组标准;组织专家参加 MDT,落实时间、地点、人员;开展 MDT 讨论时,主管医生或 MDT 团队秘书汇报病情,专家集中讨论,形成诊疗方案,书写 MDT 讨论报告,向病人反馈结果;按照讨论方案开展后续诊疗活动;对 MDT 病例进行追踪随访。

2. 定期开展质量评价 MDT 诊疗组需定期召开小组会议,研究改进存在的问题,并对该病种的最新诊疗进展进行培训学习。MDT 讨论确定的诊疗计划,各主诊医师原则上要严格落实,不得随意更改,且专家组和医务部要定期检查执行情况。

3. MDT 追踪评价 各 MDT 诊疗组应及时登记总结 MDT 病例资料,建立 MDT 病例数据库,包括基本信息和 MDT 讨论、执行、随访情况等信息,评价治疗效果。同时开展 DIP 病种分析,对比 MDT 实施前后病种组合的费用、住院时间等差异性,既促进专病诊疗流程优化,又可促进相关病种临床研究或其他科研项目的开展。

第五节 降低非计划再次手术发生率案例

非计划再次手术是手术治疗不良事件,增加了病人术后发生器官功能障碍的风险,直接影响机体康复,甚至导致病人死亡。在 DIP 实施过程中,非计划再次手术作为围术期负性指标,会导致病人住院天数延长,甚至超长住院,造成住院费用急剧增加,加重病人经济负担。以颅脑手术病人为例,调查显示,医院发生非计划再次手术的颅脑手术病人住院天数是正常出院病人的 2.27 倍,住院总费用是正常出院病人的 2.09 倍。鉴于上述原因,对非计划再次手术高风险因素的查找和干预,势在必行。为此,南方医科大学珠江医院选定"降低非计划再次手术发生率"为医院六西格玛质量持续改善项目,运用 DMAIC 模式[①],联合故障树法进行改进。

---

① DMAIC 分别指:Define(定义),Measure(测量),Analyze(分析),Improve(改进)和 Control(控制),用于改进、优化和维护业务流程与设计的一种基于数据的改进循环。

一、界定阶段

根据项目主要范围,医院成立由主管医院领导担任倡导者,中国质量协会认证六西格玛黑带人员担任辅导员,医疗质量管理部门、临床科室、病区、辅诊科室、信息部门等为核心的跨部门项目团队。通过绘制涵盖整个围手术期过程的 SIPOC[①] 高端程序图,确定项目范围,明确术后非计划再次手术发生率为关键质量特性,制订项目计划工作表。

二、测量阶段

对手术数据进行过程能力测量,在 6 414 例手术中,34 例为非计划再次手术,非计划再次手术发生率为 0.53%,西格玛水平为 4.05,有一定的改进空间。

三、分析阶段

以非计划再次手术风险评估为切入点,结合故障树分析法,通过风险识别、风险分析、风险评价 3 个步骤展开研究。

(一)风险识别

调取医院近年非计划再次手术共 236 例,绘制柏拉图(图 5-1),找出造成非计划再次手术的主要问题。依据 80/20 法则,其中出血/血肿、切口愈合不良、瘘、切口感染累计百分比达 80.4%,为本次项目改善重点。

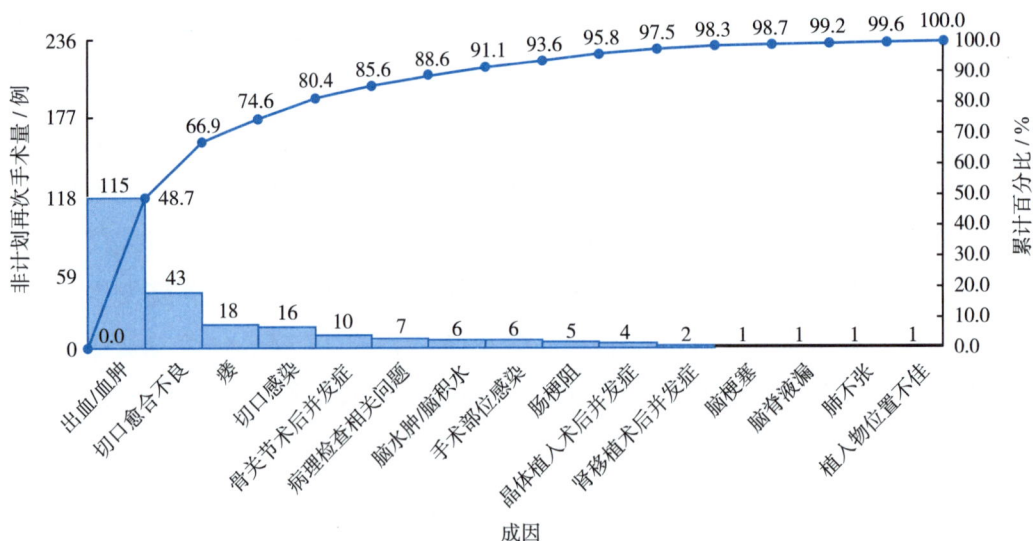

图 5-1　非计划再次手术构成柏拉图

---

① SIPOC 分别指:Supplier(供应者),Input(输入),Process(流程),Output(输出),Customer(客户)。

　　根据故障树原则,将"非计划再次手术"作为顶事件,通过文献检索、专家咨询、头脑风暴等多种方法展开风险因子搜集工作,确定病人病情复杂疑难危重、病人全身性因素异常、术前准备不完善、术中处理不到位、术后处理不得当等几个原因为中间事件;再根据布代尔逻辑推理原则采用逐层分解继续展开风险影响因子分析,直到找到代表各种故障事件的基本事件,构建故障树模型(图 5-2)。其中,"或门"表示下端的输入事件至少有一个发生时上端输出事件就发生,"与门"表示下端的输入事件同时发生时其上端输出事件才发生。该故障树共包括 7 个中间事件(B1~B5,C1,C2),29 个基本事件(X1~X29),9 个逻辑或门和1 个逻辑与门(图 5-2,表 5-1)。

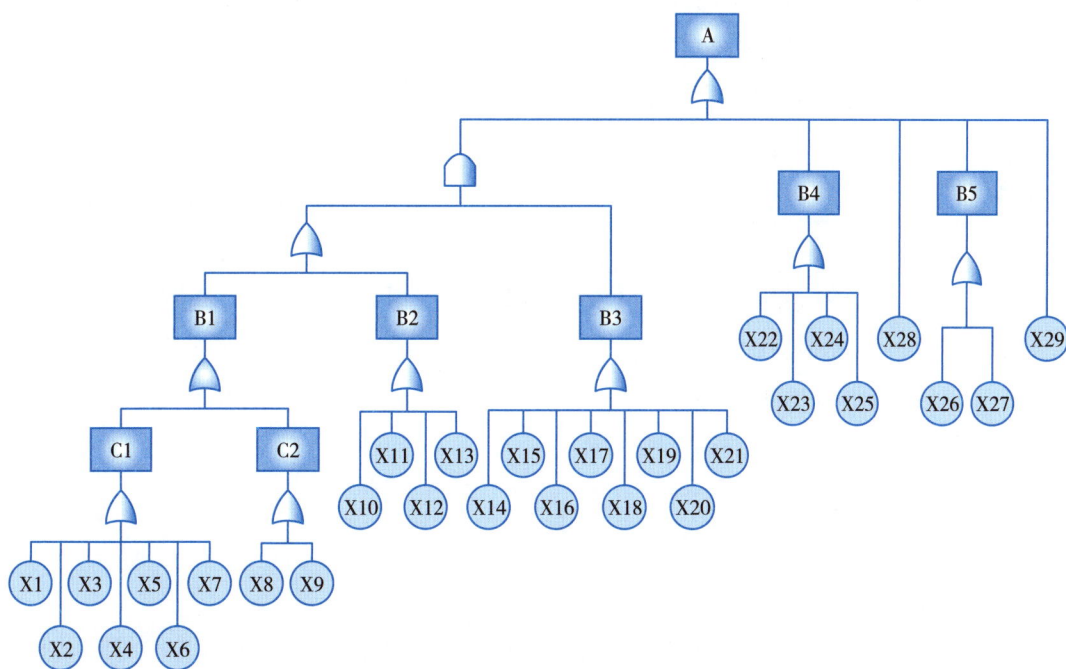

图 5-2　非计划再次手术故障树模型

表 5-1　非计划再次手术故障树事件

符号	事件	符号	事件
A	非计划再次手术	B3	术前准备不完善
B1	病人全身性因素异常	B4	术中处理不到位
B2	病情复杂疑难危重	B5	术后处理不得当

续表

符号	事件	符号	事件
C1	并存病及重要脏器功能评估高风险	X15	术前重要脏器功能评估不完善
C2	特殊年龄	X16	择期手术术前住院天数>3天
X1	呼吸系统疾病并相关功能障碍	X17	术式选择不当
X2	循环系统疾病并相关功能障碍	X18	手术适应证把握不严
X3	消化系统疾病并相关功能障碍	X19	手术时机不恰当
X4	泌尿系统疾病并相关功能障碍	X20	应进行肠道准备的择期手术未进行肠道准备
X5	血液系统疾病并相关功能障碍	X21	抗菌药物用药种类不正确
X6	内分泌与代谢性疾病并相关功能障碍	X22	手术技术操作不慎
X7	风湿性疾病并相关功能障碍	X23	术中未按操作规范执行
X8	高龄	X24	麻醉选择不当
X9	年龄小	X25	手术环境（器械敷料）无菌条件不达标
X10	手术分级≥3级	X26	术后诊疗（护理）技术操作不慎
X11	ASA分级≥3级	X27	术后诊疗护理行为未执行规范
X12	术前病重病危	X28	植入性耗材质量不合格
X13	术前诊断不明确	X29	术后病人依从性差
X14	重要异常指标未调整至可耐受手术状态		

（二）风险分析

根据风险影响因子采集结果，设计《非计划再次手术风险影响因子信息查检表》展开数据搜集工作，并抽取236例对照组病历，与病例组共同纳入调查范围。结果汇总后根据 $F_E = \prod_{i=1}^{n} F_i$、$F_E = 1 - \prod_{i=1}^{n}(1-F_i)$、$\text{Ig}(i) = \dfrac{\partial F_E}{\partial F_i}$ 等公式得出各基本事件发生例数、发生概率及概率重要度（表5-2）。结果显示，当所有基本事件均存在时，顶事件非计划再次手术的发生概率为0.95010，是高风险事件。29个基本事件中，发生概率最大的是X15，概率为0.90307，其次是X16，概率为0.53420，上述基本事件在故障树中所处的位置是中间事件B3以或门连接的基本事件，对其发生概率进行控制，可有效降低顶事件发生概率。根据基本事件概率重要度分析结果可以得出，对顶事件影响较大的是X15，概率重要度为0.14000，其次是X27、X23、X11，因此在围手术期过程中对这些基本事件应认真关注，做好防范措施。

表 5-2 非计划再次手术基本事件数据

基本事件	病例组数量 / 例	对照组数量 / 例	概率	概率重要度
X1	15	2	0.008 83	0.028 44
X2	155	66	0.282 13	0.039 26
X3	21	2	0.009 00	0.028 44
X4	9	2	0.008 67	0.028 43
X5	155	101	0.429 46	0.049 40
X6	198	88	0.375 93	0.045 16
X7	0	0	0.000 00	0.028 18
X8	67	63	0.267 06	0.038 45
X9	21	17	0.072 14	0.030 38
X10	151	99	0.420 93	0.048 67
X11	113	103	0.436 72	0.050 04
X12	23	7	0.030 10	0.029 06
X13	35	12	0.051 48	0.029 71
X14	81	33	0.141 16	0.015 80
X15	232	213	0.903 07	0.140 00
X16	137	126	0.534 20	0.029 13
X17	4	0	0.000 11	0.013 57
X18	4	0	0.000 11	0.013 57
X19	2	0	0.000 06	0.013 57
X20	1	0	0.000 03	0.013 57
X21	97	83	0.352 08	0.020 95
X22	116	0	0.003 22	0.042 62
X23	189	45	0.194 67	0.052 75
X24	0	0	0.000 00	0.042 48
X25	0	0	0.000 00	0.042 48

基本事件	病例组数量 / 例	对照组数量 / 例	概率	概率重要度
X26	23	0	0.000 64	0.042 51
X27	135	68	0.289 99	0.059 83
X28	0	0	0.000 00	0.042 48
X29	23	0	0.000 64	0.042 51

（三）风险评价

为进一步明确非计划再次手术故障树中各基本事件的风险大小，我们借助风险矩阵法划分风险等级对系统进行评价。首先，确定医院的风险准则，包括后果准则、可能性准则与风险重要性准则（表 5-3 至表 5-5）。其次，根据定量分析得出的基本事件概率及概率重要度，对非计划再次手术故障树中各基本事件风险重要性等级进行评估，并将评估结果填入风险矩阵图，即可得到非计划再次手术风险矩阵的风险图谱，划分风险带，识别风险密集区域（图 5-3）。在实施手术风险管理时，医院应将管理重心放在位于浅蓝色矩阵内的风险，持续关注位于白色矩阵的风险，经常关注位于正蓝色矩阵的风险，而不必过多将重心用于防范深蓝色矩阵的风险，以利于资源的优化利用和工作效率的提高。

本次风险评估位于风险图谱浅蓝色区域的 I 级基本事件在故障树中所处的位置涵盖了术前准备不完善、术中处理不到位、术后处理不到位、病人病情复杂疑难危重、病人并存病及重要脏器功能评估高风险、病人特殊年龄等中间事件。因此，严格地选择病人，做好充分的术前准备，纠正主要因素的异常情况，术中严格、精细、熟练地操作，术后及时发现和处理并发症，做好预防工作是降低非计划再次手术的关键。

表 5-3 风险矩阵可能性准则

可能性等级	可能性等级说明
5	基本事件发生概率≥10%
4	基本事件发生概率介于 1% ～<10%
3	基本事件发生概率介于 0.1% ～<1%
2	基本事件发生概率介于 0.01% ～<0.1%
1	基本事件发生概率<0.01%

表 5-4　风险矩阵后果准则

后果等级	后果等级说明
5	影响很大（概率重要度≥0.05）
4	影响较大（概率重要度 0.04 ～<0.05）
3	影响中等（概率重要度 0.03 ～<0.04）
2	影响较小（概率重要度 0.02 ～<0.03）
1	影响轻微（概率重要度<0.02）

表 5-5　风险重要性准则

风险重要性等级	等级表述	风险重要性等级说明
Ⅰ级（15 ～ 25）	灾害性风险	如图 5-3 浅蓝色区域所示。任何失效都会导致非计划再次手术的发生，或者阻止既定目标的达成
Ⅱ级（10 ～ 14）	重大风险	如图 5-3 白色区域所示。任何失效都会将系统的性能降到容忍限度以下，产生危险（如果没有立刻采取措施加以纠正，也会导致非计划再次手术的发生）
Ⅲ级（4 ～ 9）	严重风险	如图 5-3 正蓝色区域所示。任何失效都会将系统的性能降到容忍限度以下，应采取相应措施加以纠正
Ⅳ级（1 ～ 3）	轻微风险	如图 5-3 深蓝色区域所示。任何失效都不会导致系统的总体性能降到容忍限度以下，只是一种干扰

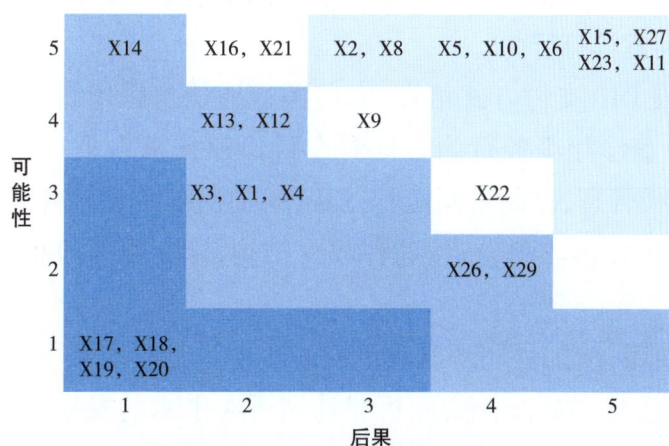

图 5-3　非计划再次手术风险图谱

四、改进阶段

（一）制订围术期管理规范

制订非计划再次手术管理制度、术前准备工作质量管理规范、围手术期质量监控制度等相关规范，明确手术病人术前可耐受手术的风险控制标准；明确术前、手术当日、术后的关键环节，重点内容及注意事项；明确围术期内须严格遵循的各项医疗质量安全核心制度及规范；明确发生非计划再次手术后的分析整改流程等。

（二）搭建围术期信息化监管平台

1. 构建非计划再次手术实时监测反馈系统 医院应设计系统逻辑判断规则，对疑似非计划再次手术病例进行筛查，再由质控专职人员对病例进行人工复核，确保每一例非计划再次手术信息均可精确获取并纳入监测。通过短信推送平台发送至主刀医生手机，提醒完成《非计划再次手术上报登记表》与《非计划再次手术自查整改表》，科主任审签后反馈至质量管理科。

2. 搭建围手术期诊疗质量监控平台 医院应针对围术期过程中的关键风险因子如手术医生权限等设置关卡，凡上一环节未达到要求者，系统无法进入下一环节；同时对关键环节及操作流程进行实时监控与量化考核，结合电子病历中的数据细节，建立系统推理机制，采用提醒或强制提示医生进行处理改进，达到防控结合。

3. 完善医保综合管理系统 医院应健全分析、预警、监控、反馈为一体的智能监管机制，完善医保数据闭环管理，推进落实 DIP 政策要求。

（三）规范科室诊疗行为

医院应开展 DIP 支付方式培训，完善医疗质量与医疗费用双控制管理，规范临床、辅诊科室诊疗服务行为。提升专科诊疗技术水平、服务质量、服务效率，强化临床路径管理，提高日间医疗、ERAS 的比例，加快诊疗模式创新与新业务新技术开展、优化诊疗组设置、病种收支结构、诊疗服务流程，助推科室提质增效。

对于重点科室，应加强闭环管理。对发生非计划再次手术的重点科室及医务人员，组织专场点评会，讨论、分析非计划再次手术的发生原因及改进措施。针对发生率高的重点科室，将该指标作为科室年度指令性课题，通过品管圈、PDCA 等方式进行持续改进。

(四)建立围术期质量监管体系

1. 委派专人监管　医院应由质量管理科委派专人负责对全院非计划再次手术发生情况进行监管,采取信息系统筛选及人工复核相结合的方式,及时发现漏报、瞒报,保证资料真实性和完整性。

2. 及时分析改进　医院应要求各科室针对每一例个案进行分析讨论,就再次手术发生的原因从病人、医务人员、诊疗流程、医疗行为、医疗环境、器械、设备等方面是否存在问题及安全隐患进行详细分析和阐述,对共性问题进行总结,并提出针对性的持续改进措施。

3. 定期督导反馈　通过科室早交班、院长查房、质量分析会、中层干部例会等形式,医院可向各手术科室反馈非计划再次手术发生率、漏报率、自查整改完成率、变化趋势等,与科室进行及时有效沟通,提出改进建议。

4. 纳入绩效考评　鉴于非计划再次手术原因的复杂性及医学技术的局限性,非计划再次手术管理原则为:强制报告,注重分析与改进。因此上报后无惩罚措施,而漏报或科室管理缺失作为对手术科室质量评价的重要指标纳入科室医疗质量考评体系,其他相关质量、费用指标按照DIP奖惩办法纳入绩效考评,积极推动科室调结构、提质量、控成本、增效益,实现科室高质量发展。

五、控制阶段

建立手术病人非计划再次手术规范防治流程,规范手术病人从入院到出院期间医务人员进行检查、检验、诊断、手术、治疗、护理的每个环节,保证诊疗过程的标准化、规范化、精细化,减少手术治疗系统的主观随意性。

持续改进后,该院非计划再次手术发生率呈明显下降趋势。对改进后7 497例住院手术病例再次进行分析,非计划再次手术发生率为0.29%,西格玛值为4.25,与改进前(0.53%)相比,进步率为45.2%。对改进前后两组数据进行 *2-Proportion* 检验,得出 $P=0.016<0.05$,差异有统计学意义,证明项目改善成效明显。

六、总结

随着DIP及各项质量管理制度的进一步完善,DIP政策及各项措施的有效实施,在医院手术量不断上升的大趋势下,各季度非计划再次手术发生率在项目改善后一直保持在目标值以下,效果维持良好。良好的医疗质量可以最大限度节约医疗成本,使医院在DIP支付改革中获得更高的经济、社会效益。通过非计划再次手术管理，围手术期质量管控措施严格落地，结合 DIP 政策要求，切实加强了医院围手术期合理诊疗、合理收费，有效推动医疗质量、医疗费用双控制，提升医院规范化管理、科学化管理、精细化管理，促进医院高质量发展。

参考文献

姚瑶，张梅霞，宋晓玉，等．基于故障树方法的非计划再次手术风险评估[J]．中国医院管理，2017，37（03）：40-43．

第六章

病案管理实施细则

病案管理部门与医院各个部门有广泛、密切的联系,它是医疗信息收集、质控、编码中枢。前述医保和医疗管理章节已多次强调病案信息的重要性,病案管理部门作为病案首页和病历内涵质量的"把关人",在整个管理工作中起着举足轻重的作用。

第一节　病案管理部门角色定位

根据《医疗机构病历管理规定(2013 年版)》有关规定,医疗机构应当建立健全病历管理制度,设置病案管理部门或者配备专(兼)职人员,负责病历和病案管理工作。《全国医院工作条例、医院工作制度与医院工作人员职责》中规定:二级甲等及以上医院专门从事住院病历管理的人员与医院病床比不得少于 1∶50;专门从事门诊病历管理的人员与医院日均门诊量的比不得少于 1∶300。病案管理部门主要履行对病案物理性质的管理和病案信息管理,具体包括对纸质病案的回收、整理、装订、编号、归档和提供,对病案资料的分析统计、质量监控以及向各部门提供高质量的卫生信息服务等。

根据《DRG/DIP 支付方式改革三年行动计划》的工作要求,为实现支付方式改革的目标,需重点推进编码管理、信息传输、病案质控、内部运营机制建设等医疗机构相关配套管理体系的协同提升。《医疗保障基金结算清单填写规范(试行)》明确指出住院诊疗信息数据指标主要反映病人入院、诊断、治疗、出院等全诊疗过程,且诊疗信息数据指标填报主要源于住院病案首页数据。病案首页诊断和手术操作编码的轻微改变则可能导致分入不同的 DIP 病组,首页编码的准确性、完整性、规范性对于 DIP 数据质量起着至关重要的作用。同时,病历内涵是病案首页数据的支撑,其重要地位亦不言而喻。

为此,医疗机构的病案管理部门应建立 DIP 支付模式下的病案质量控制体系和工作流程,在病案内涵质量管理、病案首页质量管理、ICD 编码质量管理和协助推进 DIP 目录完善等方面进行协同改革,推动医疗机构病案质量的持续提升,以保障支付改革在医疗机构顺利落地。

第二节　病案质量控制体系建设

一、基本要求

病案质量控制对于推进 DIP 工作,促进医院的医疗水平和服务水平提高有着重要的意义。病案质量控制的主要任务是制订管理目标,建立质量标准,完善各项规章制度,进行全员病案质量教育,建立指标体系和评估系统,并且定期评价、总结工作,反馈意见。

医院应遵照病案质量控制和 DIP 相关法律法规、临床诊疗指南、医疗技术操作规范和行业标准等,建立健全医院病案质量控制各项规章制度,建立与之相应的工作方案、操作规程、质量控制标准等可操作性文件,并定期审核、及时修订和完善不适用内容。

二、准备工作

(一)建立病案质量控制工作机制

病案质量控制各级组织、相关部门及人员根据病案质量控制规章制度,履行相应职责。在医院病案质量管理组织的领导下,医院应建立并落实全员参与、覆盖临床诊疗服务全过程的病案质量控制工作制度,强化基于电子病历的医院信息平台建设,充分利用信息化手段引导医务人员在临床工作中落实病案质量控制基本措施。

(二)建立病案质量评价标准

病案质量评价标准应依据《病历书写基本规范》《医疗质量安全核心制度要点》《电子病历应用管理规范(试行)》《住院病案首页数据质量管理与控制指标(2016 版)》《住院病案书写质量评估标准》《住院病案首页部分项目填写说明》

《住院病案首页数据填写质量规范(暂行)》,以及《三级医院评审标准(2020 年版)》进行制定。

(三)建立 DIP 模式下的病案质量信息数据库

医院应建立 DIP 模式下的病案质量信息数据库,掌握病案质量数据,为制订病案质量持续改进目标与评价改进效果提供依据。

三、具体实施

(一)建立 DIP 支付模式下的病案质量控制体系

医院应根据 DIP 相关政策要求,建立并完善医院和科室两个层面的病案质量控制体系。建立病案质量控制的目标,完善并落实病案质量相关的规章制度,建立病案质量的评价标准,重点内容为病案首页质量、ICD 编码质量和病案内涵质量等。建立基于 DIP 政策要求的病历书写质量培训体系,针对 DIP 相关重点指标,开展对医生的病历书写培训。定期总结与反馈每月或每季度病案质量检查结果,在医院医疗会议上公布。

(二)DIP 支付模式下的病案质量控制工作流程

病案质量控制工作流程如图 6-1 所示。同时,在 DIP 支付模式下,医院应制定病案质量考核制度,如将科室 DIP 支付方式相关重点指标的书写质量与绩效分配、职称晋升、科室评优等工作挂钩,以进一步保障病案质量。

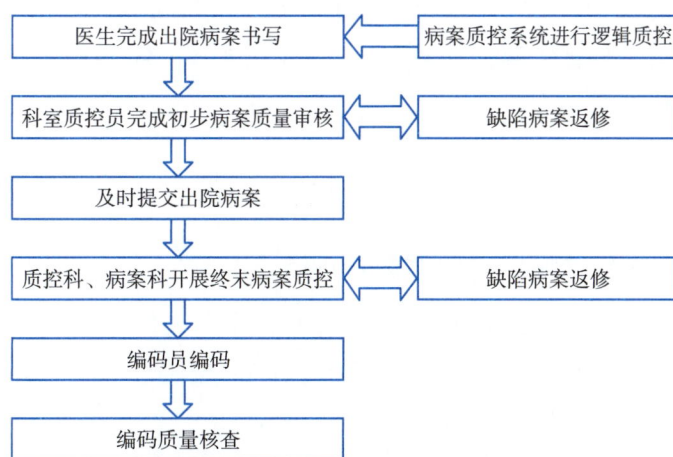

医生完成出院病案书写 ← 病案质控系统进行逻辑质控

科室质控员完成初步病案质量审核 ⇄ 缺陷病案返修

及时提交出院病案

质控科、病案科开展终末病案质控 ⇄ 缺陷病案返修

编码员编码

编码质量核查

图 6-1 病案质量控制工作流程

(三)病案质量控制工作要求

医院病案质量管理要求包括 4 个方面。

1.环节质量监控,覆盖率应为 35%～45%。

2. 终末质量监控,覆盖率应≥70%。

3. 专项质量监控,包括按科室/病种抽样检查、针对病案的某一部分抽样检查、重点病案抽样检查和电子病案的质量监控。

4. 电子病历质量监控。医疗机构结合医院实际情况,强化信息化支撑作用,实现医疗流程实时监控、在线预警、智能判别、信息反馈和病历质量评价等电子病历质量控制功能。

第三节 病历内涵质量管理

一、基本要求

遵照《病历书写基本规范》《医疗质量安全核心制度要点》《电子病历应用管理规范(试行)》等文件规定,落实病历书写基本原则"客观、真实、准确、及时、完整、规范"。

以医保 DIP 模式下病历质量管理重点为导向开展病历内涵质量管理工作。一是辅助医保管理部门监管分解住院、挂床住院、诊断升级、高套分值、降低入院标准等重点违规事件。二是病历内容体现"四合理",即合理诊断、合理检查、合理治疗、合理用药。三是病历书写做到"五吻合",即医嘱、病程记录、处方、辅助检查结果、治疗记录相吻合。四是不得伪造、变造、涂改病历。

通过病历内涵质量管理,不断规范临床诊疗行为,促进 DIP 模式下医疗服务的同质化、标准化。

二、准备工作

(一)建立高水平的病历内涵质量管理队伍

建立病历内涵质量管理队伍,应有较高的准入标准和要求。加强病历内涵质量管理人员的专业知识培训,包括临床、质控、编码、DIP 医保等知识,并定期进行病历内涵质量管理水平考核。

医院应在全员参与的基础上,建立、健全病历内涵质量管理组织,以及由医院病案管理组织领导,院级、科级层面组成的病历内涵质量管理组织体系。强调科主任是科级质控第一责任人,明确科室三级医生病历质控职责,确保病历质量有人管、有目标、有检查、有结果、有奖惩。

（二）建立病历内涵质量管理制度

严格落实国家有关法律法规以及病历书写、分类编码、管理与应用相关规定，建立健全病历内涵质量管理各项规章制度，建立与之相应的工作方案、操作规程、质量标准等可操作性文件，并定期修订和完善。

（三）建立病历内涵质量管理工作机制

病历内涵质量管理组织根据病历内涵质量管理制度，履行工作职责。在医院病案管理组织的领导下，建立覆盖病历内涵质量管理全流程的工作制度，促进科室层面、医院层面的病历内涵质量管理流程更加顺畅、科学、便捷，实现精细化管理。

（四）建立病历内涵质控信息系统

结合医院实际情况，强化电子病历信息系统建设，将 DIP 模式下病历内涵质控的重点内容嵌入电子病历系统，进行实时、智能监控；同时将病历内涵质量相关规定要点嵌入系统，提供实时指导与提醒。

三、具体实施

（一）建立病历内涵质量标准

病历内涵质量标准应遵照《病历书写基本规范》《医疗质量安全核心制度要点》《电子病历应用管理规范（试行）》《病案管理质量控制指标（2021 年版）》等相关文件进行制定。包括但不限于下列 6 点内容。

1. 入院记录

（1）入院记录，特别是主诉、现病史、既往史的记录应客观、详细、准确，不出现逻辑错误。

（2）规范意外伤害入院记录，对意外伤害病人致伤原因、时间、地点、致伤机制及处理过程应描述详细。

2. 病程记录

（1）病程记录中有支持出院诊断的相关内容，升级诊断应在病程记录中详细记载相关依据。

（2）病情描述详细，应与医嘱护理级别相吻合。

（3）重大及关键检查项目，包括 CT、MRI、病理、细菌培养等，要求医嘱、报告单完整，检查结果及分析在病程记录中有相应记录。重复多次的检查项目应在病程记录中载明原因。

（4）抗菌药物使用记录要求医嘱完整，使用情况在病程记录中有相应记录。

（5）恶性肿瘤化学治疗记录要求医嘱完整，使用情况在病程记录中有相应记录，与首页化疗记录相符；恶性肿瘤放射治疗记录要求医嘱（治疗单）完整，使用情况在病程记录中有相应记录，与首页放疗记录相符。

（6）临床用血相关记录要求输血知情同意书、医嘱、发血单、输血记录、输血疗效评估等相关内容符合规范。

（7）抢救记录要求医嘱完整、抢救记录的书写时限和内容符合规范，与首页抢救及成功次数相符。

（8）理疗记录要求理疗医嘱与治疗时间吻合，病程记录中有相应记录。

（9）操作相关记录要求操作医嘱、操作记录符合规范，操作内容与操作名称相符，与首页操作信息一致。

（10）病程记录应记录重要医嘱的更改及原因；医生查房记录要求及时、完整、规范；会诊记录要求医嘱完整、病程记录中有相应记录。

3. 围术期记录

（1）手术相关记录要求手术医嘱、术前讨论、手术记录、手术安全核查表等手术相关内容符合规范，手术内容与手术名称相符，与首页手术信息一致。

（2）植入物相关记录要求植入物种类和数量等情况在手术记录或病程记录中有相应记录。

4. 知情告知　　各类告知书齐全、符合规范。除急诊、抢救等特殊情形外，使用自费项目应有病人或者其近亲属、监护人签署意见并签名的知情同意书。

5. 出院（死亡）记录　　诊疗经过记载完整、规范。出院诊断与首页相一致。

6. 医嘱、报告单、护理记录

（1）医嘱开具或停止时间具体到时分。

（2）检查报告单齐全，内容规范，并与病程记录、医嘱一致。

（3）诊疗医嘱与病程记录相一致。

（4）护理记录与医疗记录相一致。

（二）制订病历内涵质量管理目标

根据病历内涵质量标准及医院病历内涵质量基础数据，制订病历内涵质量管理总体目标和阶段目标，结合每个岗位和工作环节制订相应目标，并在实施过程中动态调整目标，以保障总体目标的实现。

（三）进行全员病历内涵质量教育

建立医务人员的教育和培训制度，联合医保管理部门，通过院内讲座、编印宣传手册、知识竞赛、网上专栏、微信推送等多种形式定期组织医务人员学习DIP、医保政策及病历书写各类文件规定,重点围绕病历内涵质量,提高医务人员对病历内涵质量重要性的认识。特别是要加强对住院医师、规培医生、实习医生、进修医生的培训、指导及考核。针对病历内涵质控中的常见问题,开展专题培训。

(四)开展病历内涵质量监控

病历内涵质量监控应充分发挥医院病案管理组织领导下的病历内涵质量管理组织体系职能,以环节质控为主、终末质控为辅、专项质控相结合的方式开展。环节病历的质量管理可以及时对临床进行反馈及纠正,是病历内涵质量控制最重要的环节。强化环节病历质量管理,落实科室质控职责,提高病历内涵质量。针对病历内涵质控中的常见问题,开展专项质控,不断巩固强化。运用质量管理工具,定期总结与反馈病历内涵质控中的问题,促进病历内涵质量持续改进。

(五)进行病历内涵质量评估和考核

医院应建立病历内涵质量评估指标体系和评估考核系统,通过评估,检查是否达到设定的标准。同时,建立病历内涵质量的奖惩制度并严格执行。

第四节　病案首页质量管理

一、基本要求

DIP 是通过数据挖掘对病案数据进行客观分类标准化后应用于支付的管理体系,其实时数据的来源是《医疗保障基金结算清单》(以下简称"医保结算清单")。医保结算清单是各级各类医保定点医疗机构开展住院、门诊慢特病、日间手术等医疗服务后,向医保管理部门申请结算时提交的数据清单。医保结算清单包括六大部分,分别为结算信息、诊断信息、基金支付信息、收费项目信息、手术操作信息和重症监护信息,其中诊断信息与手术操作信息来源于病案首页。为此,医疗机构应建立健全病案首页质量管理体系,严格把控病案首页数据质量,保障病案首页数据的客观、真实、准确、及时、完整、规范,以满足 DIP 的数据质量要求。

二、准备工作

（一）建立病案首页质量管理制度

病案首页的质量控制主要基于病案学规范和临床知识库，医疗机构需建立多层级质控、多部门协助的质控模式。根据病案首页信息生成至传输上报的流通过程，明确各环节、各板块首页内容质控的职责划分，确保病案首页质控的可操作性，制订适合医院实际情况的病案首页质控管理流程。以国家卫生法律法规为依据，医疗机构需建立健全病案首页质量管理制度，明确各岗位人员的责、权、利，按规章制度把质量管理落实到位。

（二）制订 DIP 支付模式下的病案首页质量管理目标

医疗机构应根据病案首页质控的标准及要求，制订病案首页质量管理总体目标，并结合每个岗位和每个工作环节制订岗位目标。建立健全 DIP 支付模式下的病案首页质量控制指标评价体系，依据卫生行政部门发布的相关质控指标及管理要求，制订包括但不限于及时性、完整性、合理性及规范性四个维度的数据审核指标以及针对违规行为监管的病案质量指数，包括合规性指数、编码套高指数、编码套低指数等，通过制订各项管理目标值监控病案首页数据质量并进行持续改进工作。

三、具体实施

（一）病案首页数据质量控制

DIP 支付方式需要的基础诊疗信息主要来源是病案首页数据。为此，在 DIP 支付模式下，病案首页质控的重点应是医保结算清单的诊疗信息数据与病案首页对应的项目，包括：入院途径、入院时间、入院科别、转科科别、出院时间、出院科别、实际住院天数、门（急）诊诊断、出院诊断、入院病情、手术及操作信息、麻醉方式、术者及麻醉医生信息、颅脑损伤病人昏迷时间、离院方式、再住院计划。其中"疾病诊断 + 治疗方式"作为 DIP 分组的核心依据，病案首页出院诊断、手术及操作信息的准确完整规范是首页质控的重点任务。

病案首页质控工作包括但不限于下列 5 方面。

1. 制订《病案首页质量控制评分表》，对首页项目内容按重要性赋予权重分值，由首页质控人员进行核查评分。

2. 对病案首页重点、易错项目进行专项质控。

3. 对某些病种或手术操作进行专题质控。

4.对某类特殊人群(新生儿、死亡病人、产妇、肿瘤病人)进行专题质控。

5.借助信息化手段完成对病案首页项目的逻辑校验、非空校验等基础性工作,确保病案首页数据的完整合规,智能化辅助病案首页质控工作。

(二)病案首页质控人员的培养和考核

建立健全病案首页质量管理人员的培养和考核制度,充分发挥专业人员在病案首页质量管理工作中的作用,医疗机构应明确首页质控人员的准入标准,病案首页质控人员应充分了解各评价管理体系的相关规定,并严格遵照管理要求完成质控工作。医疗机构应定期对从事病案首页质控的人员进行病案首页填写规范及相关管理要求和法律法规的培训及考核。

(三)进行全员病案首页质量教育

医疗机构应对涉及病案首页项目录入的医疗、护理、技术人员进行病案首页质量管理的相关规定及病案首页填写要求进行培训,将病案首页填写规范的课程作为入职、入科培训的固定内容。宣传教育病案首页数据质量对 DIP 支付下医保基金有效使用的重要性,提高相关人员对病案首页质量重要性的认识,从病案首页数据生成的源头上控制质量。建立本机构医务人员病案质量控制的培训制度、培训计划并监督实施。

(四)病案首页质控定期总结及反馈

医疗机构应当运用医疗质量管理工具开展医疗质量管理与自我评价,对本机构病案首页质量管理要求执行情况进行定期总结及反馈,并建立相应的考核奖惩制度,逐步优化病案首页质量管理流程,促进病案质量管理的良性循环,保证病案首页质量控制的效果。

第五节　ICD 编码质量管理

一、基本要求

ICD 编码是世界卫生组织要求各成员国在卫生统计中共同采用的,对疾病诊断和手术操作进行编码的标准分类方法。DIP 利用大数据对"疾病诊断＋手术操作"的 ICD 编码进行全集组合再聚类的方式进行分组。如果疾病诊断和手术操作 ICD 编码错误,可能会导致入组错误,对应的病种分值发生改变,医疗机构所得到的医保结算费用也会受到影响。因此,实施 DIP 支付模式必须加强ICD 编码质量管理,努力提高病案首页 ICD 编码正确率。

二、准备工作

（一）编码人员的配备

为保证 DIP 的顺利实施，医疗机构应配备充足的病案编码人员。病案编码人员需要全面掌握病案管理专业知识，熟悉基础医学、临床常见病、医疗操作的知识，掌握国际疾病分类和我国卫生主管部门规定的有关疾病分类编码规则，熟悉医学英语，通过学习和参加继续教育及时掌握分类编码的动态，具备分析病案记录进行正确编码的能力。同时，编码人员应熟悉 DIP 相关政策及具体入组规则。

（二）工具书的配备

为保证 DIP 的顺利实施，医疗机构应配备最新版 ICD 工具书，包括 2008 年出版的《疾病和有关健康问题的国际统计分类：第十次修订本》（第 2 版）和《国际疾病分类第九版临床修订本手术与操作》（2011 版）等。此外，有条件的医疗机构可以配备最新版的基础医学和临床医学教材。

（三）ICD 编码管理流程

在 DIP 支付模式下，各医疗机构可结合工作情况，制订适合本机构实际情况的 ICD 编码管理流程，覆盖病案首页生成、编码和上报全过程，保证病案首页 ICD 编码的及时性、准确性和完整性。同时，医疗机构应加强病案首页 ICD 编码质量的日常监测，为开展 ICD 编码质量管理提供基线数据。

三、具体实施

（一）病案编码人员的培养和考核

在 DIP 支付模式下，各医疗机构应建立健全适合本机构的疾病分类与手术操作分类编码培训计划，严格贯彻落实培训计划并提供技术支持，提升培训与教育质量。培训方式包括岗前培训、定期开展专题学习和疑难病例讨论。

岗前培训主要指编码人员在独立从事编码工作前需参加系统培训并通过编码资格考试。定期开展专题学习指在规定时间内围绕某个专题，邀请病案相关专家或临床医生进行专题授课。定期开展疑难病例讨论指在规定时间内挑选有代表性的病例，如疑难病、罕见病、死亡病例和有新治疗、新技术的病案进行拓展分析。医疗机构应定期对从事病案 ICD 编码的人员进行疾病分类编码规则、病案首页填写规范和 DIP 相关政策的培训及考核，确保编码人员准确掌握相关知识。

（二）开展 DIP 支付模式下的 ICD 编码质量评价

在 DIP 支付模式下,各医疗机构应定期与不定期对疾病分类编码人员的准确性进行评价、指导,提高编码质量。各医疗机构应建立本机构制度化、常态化、多部门协作的监测及评价机制,按季度、分科室进行数据分析、反馈,并将目标改进情况纳入绩效管理,建立激励约束机制。监测的形式包括编码员自查、编码员互查和编码专项抽查。条件允许的医疗机构可以借助编码智能质控系统辅助开展病案编码专项质控。

（三）加强与其他部门的沟通

病案编码涉及临床各个专业,医疗技术的不断发展和临床应用对编码人员也提出了更高的要求。如果编码出现错误,势必影响到 DIP 的具体入组,进而影响到医保付费。因此,鼓励编码人员在遇到问题时,多与临床医生进行沟通。沟通的形式包括编码人员参与临床科室常规会议、死亡病例讨论、疑难病例讨论和邀请临床医生进行专题讲解。同时,科室应注意加强与医保管理部门沟通,通过医保管理部门的反馈,也可以提高编码水平。

第六节　ICD 编码与 DIP 目录共同完善

一、基本要求

DIP 支付方式下病种组合是根据历史病例数据的 ICD 编码聚类而来,由于部分历史病例数据存在编码错误,导致 DIP 目录存在不合理,甚至是违反编码原则的病种。另一方面,DIP 病种库为了兼顾病例入组率、变异系数（Coefficient of Variation,CV）与应用的便捷性、可比性,部分病例数相对较少,或者未能在既往的编码体系中准确表达的病种,如临床开展的新技术,DIP 病种库则缺少相关病种。医保管理部门每年根据上一年度的结算数据,都会对 DIP 病种库库进行核心病种增减以及分值调整,因此,准确编码能使 DIP 核心病种库日益完善。

二、准备工作

根据《国务院办公厅关于推动公立医院高质量发展的意见》,为引领公立医院高质量发展新趋势,需推进医学技术创新。而医学技术的创新,要体现在医保支付中,就需要有与之对应的病案编码。因而,病案管理部门需要建立编码维护机制,收集新增编码信息,向相关部门申请编码维护,以及更新院内编码库。

为保证医学新技术对应编码的准确,医疗机构应建立新技术编码沟通机制。临床医生开展新技术前,应与病案编码人员进行沟通,提供新技术实施的方式方法及依据等相关信息,编码员可根据临床医生提供的信息进行新技术的编码分类;同时,编码员在手术记录中发现新的手术方式时,也要主动向临床了解相关情况。

DIP支付方式下的疾病诊断、手术操作分类基础编码库是《医疗保障疾病诊断分类及代码》和《医疗保障手术操作分类与编码》。根据国家医疗保障局指引,医疗机构可在国家医保局信息化标准动态维护网站,进行新增、修改等维护申请。如果医疗机构内部使用的国家临床版编码库,则可以先向当地病历质控中心申请编码维护,再由各地病历质控中心向国家病历质控中心申请。国家医保局统一维护国家临床版编码与国家医保版编码的对应关系,医疗机构可根据对应关系将国家临床版编码转换为国家医保版编码。

三、具体实施

（一）核心病种维护

在实施DIP时,不能因为目录中某些病种分值高而违反编码原则高套分值,这是严重违反《医疗保障基金使用监督管理条例》的行为。编码员应严格执行病案首页数据填报规范、编码质量管理规定,发现不合理核心病种,应以此为鉴,对日常编码进行监管。只要不合理的病种病例数小于15例,在医保管理部门对DIP目录库进行年度调整时,相关病种就会被清退出核心病种。

（二）新技术编码流程

临床医生申请开展应用新技术时,应填写包含部位、术式、入路、疾病性质等要素的规范手术名称;为病案编码人员提供新技术相关介绍、手术步骤等信息。新技术编码流程见图6-2。

病案编码人员根据新技术相关介绍、手术步骤等信息准确编写ICD编码。若手术库没有具体编码的,则需要向相关部门申请新增扩展编码。同时,医疗机构可采用内部扩展编码或信息系统标记等方式,来记录新技术病例,待医保管理部门对DIP目录库维护时,为其提供准确的病例数据。

临床医生在本专业组推广新技术时,同时推广统一的病种编码,以便相关病种更容易大于等于15例,达到核心病种分组要求。

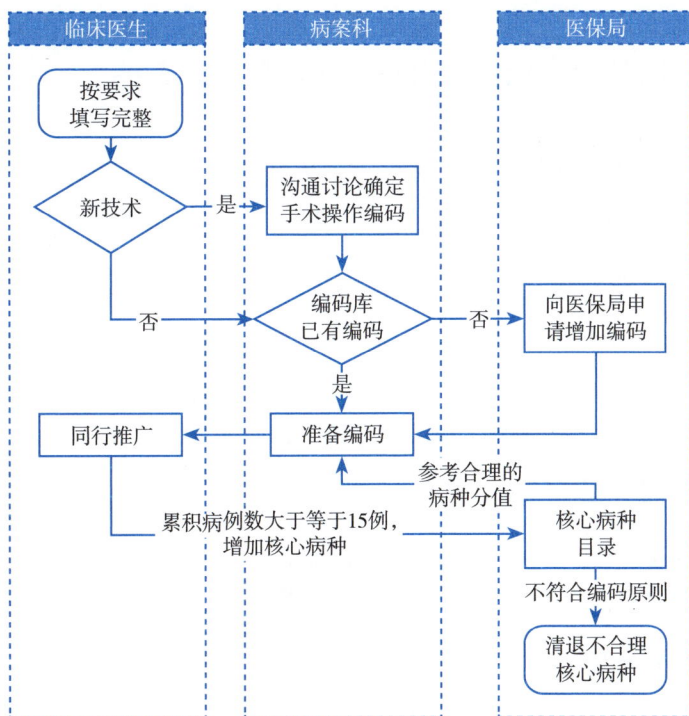

图 6-2 新技术编码实施流程图

第七节 持续提升病案质量案例

广州市社会医疗保险住院医疗费用按病种分值付费工作全面实施后,各定点医疗机构依照有关规范对自身系统进行改造,按要求上传医保结算信息。2018年1月至2021年6月上报病案首页,2021年7月之后使用国家统一发布的医保结算清单。按照广州市医保局的工作部署,案例医院启动一系列病种分值付费的工作,包括病案质量审核、信息系统改造、医保结算清单上传和日常审核监督管理等。

在开展该项工作的过程中发现一些问题,比如综合病种入组率较高、核心病种入组率较低;临床医生对病案首页中诊断信息与手术操作信息的填报重要性认识不足,病案首页疾病诊断与手术操作漏填、错填等,其结果不能真实反映病例的疑难程度和费用消耗水平,直接影响病例费用结算;病案首页前后使用的广东省版本和国家临床版疾病及手术操作编码与医保结算清单的医保版编码存在差异,需要对应后入组,由于病种分值库中分值组合有限,部分病例无法进入核心病种组;另外,编码员队伍水平参差不齐,编码不准确,病种分值库对应不够精准等等问题都给 DIP 下病案质量管理带来挑战。对此,医院深入分析病案质量的现状及问题,并制定了 PDCA 循环以全面提升病案质量。

一、现状与问题分析

通过分析该院 2018 年按病种分值付费的结算信息,发现核心病种入组率为 84.48%,综合病种入组率为 15.52%。通过编码员后期交叉核查该院 2018 年病案首页上报质量,发现主要诊断上报正确率、其他诊断上报正确率和手术操作上报正确率欠佳,分别为 81.60%、80.11%、83.52%,直接影响到按病种分值付费结算。院内头脑风暴,查找影响 DIP 支付方式实施的病案质量管理关键问题(图6-3),主要集中在 3 个方面。

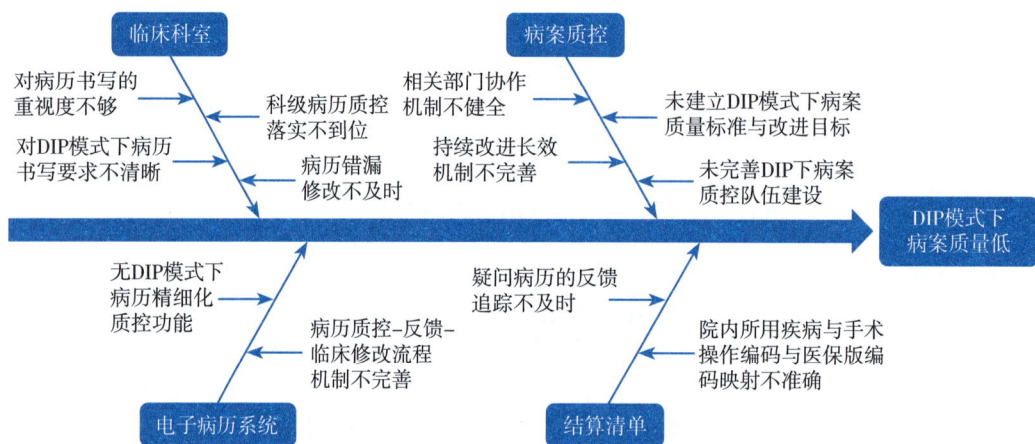

图 6-3 DIP 模式下病案质量问题分析鱼骨图

(一)医院层面

未健全 DIP 模式下的病案质量控制工作机制。医保结算清单中诊断与手术操作信息的提取上传是由信息系统直接完成,未经过病案编码人员核实。DIP 支付方式下病案质量管理涉及病案管理科、质控科、医保办公室、临床和信息中心等多个部门,部门间协作不够紧密。

(二)临床科室

对病历书写质量的重视程度不够。对 DIP 支付模式下病历书写要求缺乏了解。科主任、科级质控员和主管医生对病历的科级质控落实不到位。临床对错漏病历的修正不及时,错过上传时限,导致上传的错误信息不能得到及时纠正。

(三)信息系统

电子病历系统缺乏 DIP 支付模式下病历精细化质控功能,系统病历质控 -

反馈 - 临床修改流程机制不完善。缺乏医保结算清单与病案首页相互关联机制，院内所用疾病与手术操作编码与医保版编码映射不精准；疑问病历的反馈追踪不及时。

二、PDCA 循环

（一）计划（Plan）

病案的形成及质量管理涉及住院登记处、临床科室、医务部门、病案管理部门、财务部门、医保部门、信息中心等，要全面提高病案质量进而保障医保结算清单中诊断和手术操作信息的准确性、完整性和规范性，并持续改进，单纯依靠独立的行政化管理难以见效，务必采取以多部门协作为核心的病案质量全流程闭环管理措施。

因此，为提高 DIP 模式下的病案质量，该院成立专项工作小组，组员来自病案管理科、质控科、医保办公室和信息中心等。通过头脑风暴，针对图 6-3 所示原因，提出整改方案，确立可实施的对策，并建立对策实施的计划表（表 6-1），确定对策负责人及落实时间。专项工作小组一边强有力执行对策方案，一边对相关质量控制指标进行定期监测（表 6-2）。

表 6-1　DIP 模式下病案质量低的原因与对策

问题	原因分析	对策方案
临床科室病历书写质量较低	临床医生对病历书写的重视度不够；对 DIP 模式下病历书写要求不清晰，对疾病与手术操作分类缺乏了解	开展 DIP 有关政策、DIP 模式下病历书写要点、疾病与手术操作分类等内容培训
	科级病历质控落实不到位；病历错漏修改不及时	建立奖惩制度
DIP 模式下病案质量控制工作机制不健全	未建立 DIP 模式下病案质量标准与改进目标	依据 DIP、医保等管理要点建立 DIP 模式下病案质量标准，确立改进目标与任务分工
	未完善 DIP 模式下病案质控队伍建设	保障质控队伍人员配备，对质控队伍进行 DIP 病案质控系统性培训，发挥 DIP 病案内涵质控专家库作用
	DIP 相关部门协作机制不健全	维护病历质控微信工作群，建立病案 - 医保 - 临床 MDT 工作群、病案 - 医保月例会制度
	持续改进长效机制需进一步完善	完善病历质控结果定期公布机制；加强数据分析，指引病历质控方向和病种管理

续表

问题	原因分析	对策方案
信息系统不完善	电子病历系统无 DIP 模式下病历精细化质控功能	将 DIP 模式下病案质量标准要点嵌入电子病历系统,实现精细化质控;完善病案首页条件审核库
	电子病历系统病历质控 - 反馈 - 临床修改流程机制不完善	完善电子病历系统相关流程机制
缺乏医保结算清单与病案首页相互关联机制	院内所用疾病与手术操作编码与医保版编码映射不准确	动态维护院内编码库与医保版编码库映射表
	疑问病历的反馈追踪不及时	建立有效沟通联系工作机制

表 6-2　数据监测计划

项目	病案质量	DIP 数据
监测范围	2019 年 1 月至 2020 年 12 月所有出院病案	2019 年 1 月至 2020 年 12 月所有按 DIP 结算病案
资料来源	每月编码员交叉核查数据	医保局每月反馈结算明细数据
监测频率	每月交叉核查、季度评估	每月监测、季度评估
具体指标	疾病诊断上报正确率手术操作上报正确率	核心病种入组率综合病种入组率
目标值	主要诊断上报正确率≥95%其他诊断上报正确率≥90%手术操作上报正确率≥95%	核心病种入组率≥90%综合病种入组率≤10%

（二）实施（Do）

以医保结算清单为抓手,提升病案质量为目标,病案管理科牵头专项工作小组,根据病案生成的时间顺序即事前、事中和事后 3 个时间点有针对性地采取措施。

1. 事前措施

（1）依据医保结算清单与病案首页的相互关系、病历书写要求、病种分值付费相关政策文件等,研制适宜本院的 DIP 模式下的病历内涵质量控制标准、病案首页质量控制标准、编码质量控制标准,整合到该院病历质量评分标准中。

（2）根据该院 DIP 模式下的病历质量现状制订改进目标,制订各个工作岗位任务分工。

（3）完善 DIP 模式下病案质控队伍建设,保障病案质控队伍尤其是编码岗位的人员配备,加强对院级病历质控专员、编码员、临床质控员的专业知识培训,包括临床、质控、编码、DIP医保等知识,提高病历质控队伍专业水平和实操技能,为落实院科两级病案质量控制奠定基础。重点培训DIP模式下病历质量控制标准,实现质控标准同质化落实。建立DIP病案内涵质量控制的院内专家库,动态维护,为病历内涵质量提升保驾护航。

(4)加大对临床科室培训,内容包含有DIP有关政策解读、病历书写以及病案首页填写规范等专项,培训形式包含全院新入职员工的入职培训、规培实习和进修医生的岗前培训以及下到各临床科室的有针对性培训,提高临床科室对病历质量的重视及病历书写理论水平,强调临床科室是病历质量的责任主体。

(5)建立社会医疗保险奖惩办法和病案质量控制相结合的专项奖惩方案,纳入科主任目标考核指标、医生晋升考核指标,提高临床科室的重视程度。

(6)增进质控队伍与医保、临床科室的沟通交流,畅通沟通渠道。动态维护病历质控微信工作群,及时答复临床的疑问,作为临床培训的有益补充。组建病案-医保-临床小MDT群讨论诊断、手术操作、编码、病种入组。病案管理科与医保形成月例会制,分析解决病种分值付费难题。

(7)动态维护院内编码库与医保版编码库映射表,确保院内所用疾病与手术操作编码与医保版编码映射准确。

2. 事中措施 中间环节病历质量控制的手段主要有两种,信息化质控和人工质控。信息化质控可以做到实时、智能监控,并予以实时指导与提醒,所以事中措施主要是以改造电子病历系统为主要手段。

首先针对病历质量(病历内涵和病案首页)设置质控条件,包括病历内涵和病案首页填写设置逻辑校验和一致性验证,如病历有手术记录,首页也应有手术操作信息等;病案首页建立条件审核库,对相应指标进行条件审核,设置必填项控制、非编码项目逻辑及合理性审核和编码项目的逻辑性审核;嵌入DIP模式下的病历内涵质量控制标准、病案首页质量控制标准、编码质量控制标准,从细节上完善自动质控功能。其次,在系统中完善在线病历质控-反馈-临床修改的流程机制,提高修改病历的及时性和便捷性。最后针对DIP入组情况,嵌入DIP入组规则系统,在完成首页信息后可实时查看病例模拟入组信息,费用使用及费用占比情况,为主管医生进行费用控制提供参考。

中间环节病历人工质控主要针对病历内涵开展质控,发现问题实时反馈给临床医生及时修正,同时每周通过医院OA公布环节病历质控情况,促进临床持续改进。每季度组织临床质控员开展季度环节病历交叉质检,结果在医院OA公布。

3. 事后措施 主要是依靠人工终末质控和事后的数据分析反馈。人工终末质控中，日常临床质控员病历质控、院级病历质控、编码员编码质控、首页专项质控为主要工作，质检结果以周报形式在医院 OA 公布，督促临床及时整改；每季度组织临床质控员开展季度终末病历交叉质检，结果在医院 OA 公布。此外，不定期组织病案内涵质量控制院内专家库成员进行病历抽查与点评。通过院内电子病历系统进行首页核查、广州市首页平台核查库核查编码，加强病案首页质控，每月编码员交叉核查，促进相互改进。每月公布病历质量扣罚，落实奖惩制度。

在事后数据分析反馈方面，每季度对终末与中间环节病历质控缺陷问题进行汇总与分析，发现当前共性问题，在质控队伍培训和临床科室培训中纳入专项培训内容，包括主要诊断选择专项、首页填写专项、围手术期记录专项、同意书与授权委托专项等等。

同时，及时对编码与病种入组数据进行分析反馈，包括病种分值入组不合理、病种分值库缺少病种（如新技术），及时收集汇总，反馈到医保管理部门，推进 ICD 编码与 DIP 目录共同完善。以科室 - 病种 - 病例三个层级进行数据分析，并定期反馈至临床，以促进其有针对性地进行持续改进。常用的分析方法有波士顿矩阵模型和帕累托效应（80/20 原则）。

（1）病种分析：利用波士顿矩阵模型原理，用起泡大小代表收治例数，以病种 CMI 值为纵坐标，病种例均结余金额为横坐标绘制图形，通过例均结余金额 =0 和 CMI=2 的两条直线划分为四个象限（图 6-4）。波士顿矩阵图结果提示，对落在不同象限的病种应采取不同的管控措施，如落在第Ⅰ象限的病种，应鼓励收治，在提高医保基金收入的同时，提高医院收治疑难病例的能力；落在第Ⅱ象限的病种，应加强成本控制，合理用药和耗材使用，优化日间手术和临床路径管理，控制资源消耗；落在第Ⅲ象限的病种，应考虑分级诊疗，将不伴合并症和并发症的轻症病例通过医联体下转到二级医疗机构和社区医院；落在第Ⅳ象限的病种，应适当收治，合理配置资源让给中高难度的病例，在保证不降低三级医院的定位要求的同时，增加收益。

（2）费用分析：对落在第Ⅱ象限的病种和费用高病例需进行成本控制，可通过绘制病种费用类别的柏拉图（图 6-5）。由图可知，该病种药费和检查费累计百分比达 82.84%，依据 80/20 原则，药费和检查费为该病种重点压缩控制的费用类别。

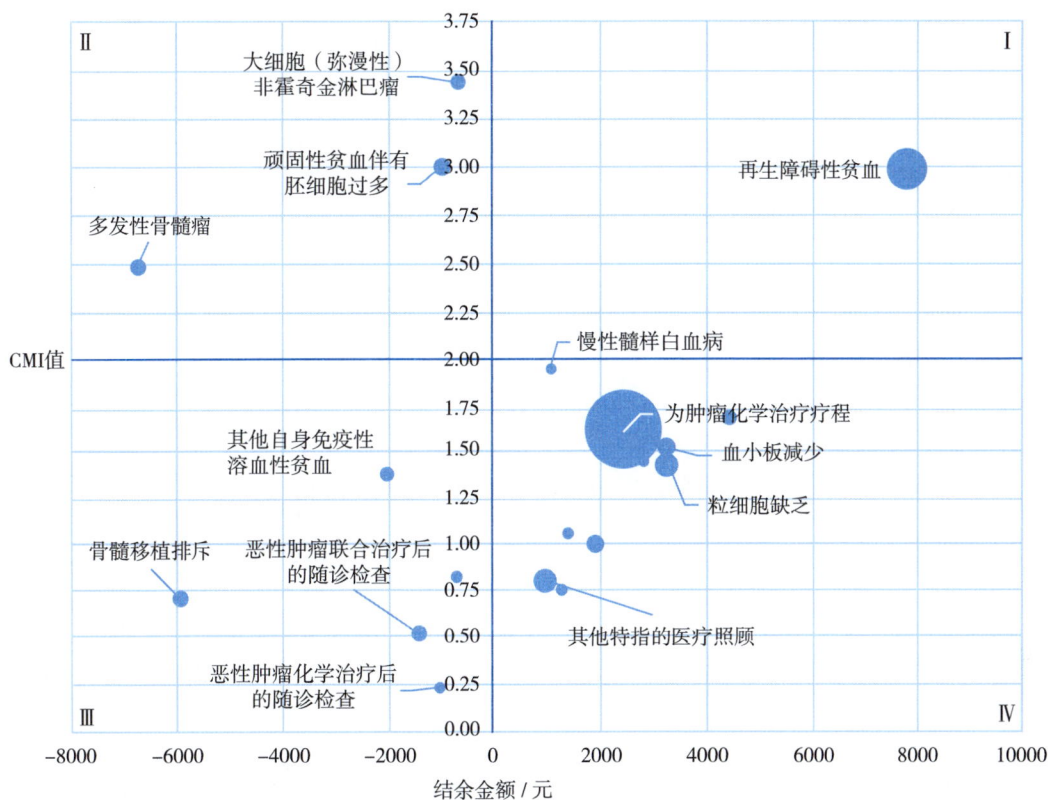

图 6-4　某专科病种分析的波士顿矩阵图

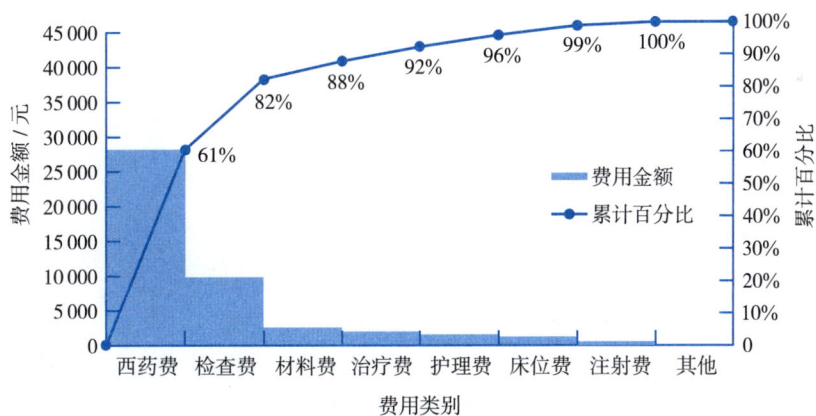

图 6-5　某病种费用类别的柏拉图

(三)检查(Check)

通过多个部门协作努力,病种入组率明显提升(图 6-6)。核心病种入组率由84.48%(2018 年)上升至87.19%(2019 年),后再继续提高到93.60%(2020 年),且 2020 年整年保持在90%以上。综合病种入组率由 15.52%(2018 年)下降至6.40%(2020 年),并在 2020 年整年保持在10%以下。

图 6-6　DIP 数据病种入组成效

病案质量控制成效也颇为显著（图 6-7）。代表 DIP 核心指标的主要诊断上报正确率、其他诊断上报正确率、手术操作上报正确率均稳中有增，分别从 2018 年的 81.60%、80.11%、83.52% 增至 2020 年第 4 季度的 95.33%、91.07%、96.12%。

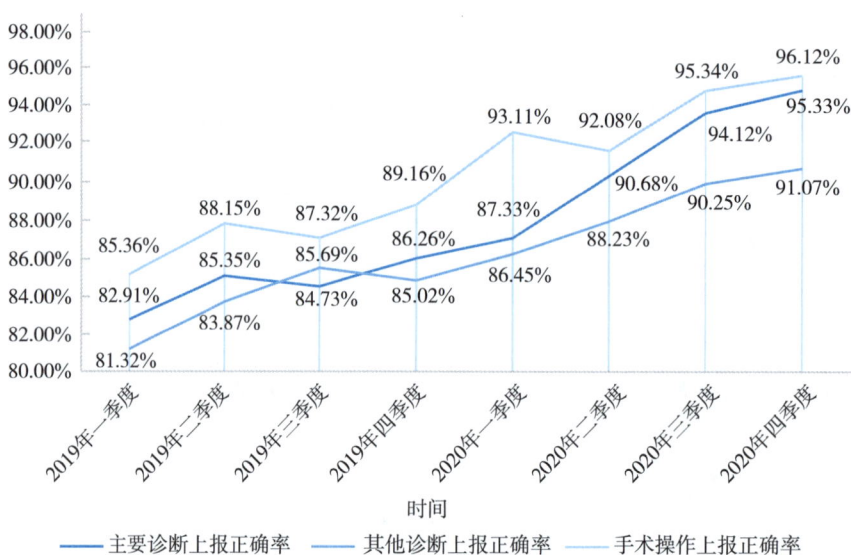

图 6-7　DIP 模式下病案质量控制成效分析

（四）处理（Act）

在本项目的推进中，该院通过多部门协作的形式，以持续提升 DIP 支付模式下的病案质量为目标进行全流程闭环管理，建立病案管理 - 医保部门 - 临床科室有效沟通工作机制，取得初步成效，达到预期目标。DIP 支付模式下病案质量的提升，与核心病种入组率的提升同向而行。

　　进一步改善的管理措施主要有:继续提高核心病种入组率,争取达95%及以上,综合病种入组率降低至5%及以下;持续加强病案首页质量管理,尤其是编码质量管理,建立电子病历线上编码全流程闭环管理机制,制作编码思维导图辅助临床;提升病历内涵质量,重点加强环节病历质控力度,持续更新升级电子病历系统,重点加强其首页质控功能与病历内涵质控功能建设,对系统流程、质控标准、统计分析功能等进行持续优化,提升DIP支付模式下的病历质量,为医保结算清单的准确性做支撑,为医保基金的监管提供可靠依据;建立一套可靠、全面的DIP支付模式下病案质量评估指标体系,建立基础数据库,为病历质量改进目标的确立与成效评估提供数据支持。

参考文献

[1]全国卫生专业技术资格考试用书编写专家委员会.2020全国卫生专业技术资格考试指导:病案信息技术[M].北京:人民卫生出版社,2019:17.

[2]刘爱民.病案信息学[M].2版.北京:人民卫生出版社,2014:26.

[3]冯晶,汪刚.加强病案编码填写规范性的实践[J].解放军医院管理杂志,2020,27(9):821-833.

[4]国家医保信息业务编码标准数据库动态维护[EB/OL].[2023-03-20].http://code.nhsa.gov.cn:8000/

第七章

信息管理实施细则

《国务院办公厅关于推动公立医院高质量发展的意见》（国办发〔2021〕18号）要求公立医院运行模式从粗放管理转向精细管理，进一步强化信息化支撑作用。《国家医疗保障局关于加强网络安全和数据保护工作的指导意见》（医保发〔2021〕23号）（以下简称"数据保护指导意见"）提出，医疗保障信息化建设是医疗保障事业高质量发展的基础，是医保治理体系和治理能力现代化的重要支撑。信息化建设在医疗卫生事业改革、医疗业务和医保业务中越来越不可或缺。

第一节　信息管理理念与总体设计

全流程信息化管理的理论内涵是激励传导。激励传导是以支付方式激励为开端，推动医院开展一系列引导实践，最终激励医务人员医疗行为变化，通过信息化手段的巩固强化及弹框提醒，潜移默化地规范医务人员的诊疗行为，进而优化科室医疗技术结构、病种结构、费用结构，达到支付方式的改革目的，推动医院的精细化管理（图7-1）。

医疗保障信息化建设（以下简称"信息化建设"），即信息技术应用于医保业务，对基础标准数据进行维护、对各项医保业务进行规范支持、不断创新实现医保业务，并维护数据安全。按照《国家医疗保障局关于印发DRG/DIP支付方式改革三年行动计划的通知》要求，信息化建设应围绕DRG/DIP付费全流程管理链条，依托全国统一的医保信息平台，保障DRG/DIP系统的统一性、规范性、科学性、兼容性以及信息上下传输的通畅性,重点推进编码管理、信息传输、病案质控、内部运营机制建设。

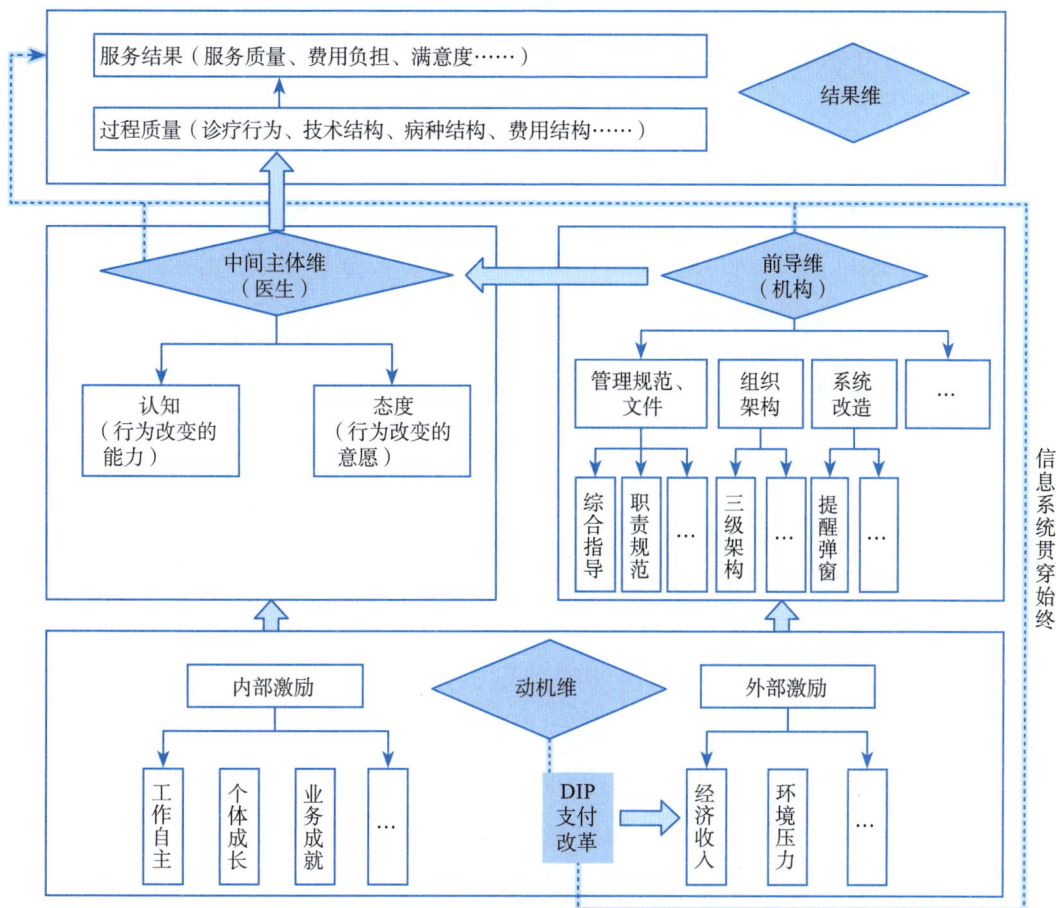

图 7-1　DIP 支付改革下的激励传导思维图

医疗机构在 DIP 支付的实施过程中,需要落实国家和行业信息化标准,开展DIP 支付精细化管理。首先,医疗机构需保证必要的医院信息化系统支持(硬件系统、软件系统和网络安全等)。其次,医疗机构需在实施 DIP 之前对基础标准数据进行维护,即对医疗保障信息业务编码标准的维护,以及医保经办机构和医院的信息系统中的基础信息维护。再次,医疗机构需做好 DIP 相关业务的信息系统对接,对各项医保业务的模块进行规范支持。最后,在实现 DIP 支付流程正常运转之后,医疗机构可开展系统升级改造和业务流程优化工作,积极改善 DIP信息化环境、创新实现 DIP 医保业务、维护医保基金安全,保障 DIP 支付改革安全、平稳、高效地实施。

第二节　DIP 支付系统配置和精细化管理

DIP 支付对信息化建设提出的要求，主要体现在病案管理、费用结算、基金监管和考核等方面。不断完善数据维护和业务协作机制，夯实信息化管理制度，提供精准化、精细化医保服务，提高信息化建设服务水平，对于医保业务支持具有重要意义。根据大数据理论，信息产生价值，医院应积极倡导信息化助推管理的理念，遵守循证原则，用数据说话，如：建立基于大数据全流程监管机制，信息化"利器"助阵医保精细化管理，改变工作模式，提高管理效能。

一、基本要求

DIP 支付实施的过程中医疗机构需加强必要的医院信息系统（hospital information systm，HIS）的建设与维护。HIS 管理着全院范围内病人、职工和财务等重要信息，已经成为现代化医院运营必不可少的基础设施，其不断升级和改造对于支撑医疗业务和医保业务的运行具有关键作用和重要意义。HIS 不仅能够提升医院的信息管理效率，同时也能够体现医院的信息化建设程度。高效的"一站式"医疗质量管理与控制信息化平台，能够对参保人就医过程中的医疗信息和医保信息全方位精准、实时管理与控制，有利于进一步持续改进医疗质量和医疗安全，进一步提升 DIP 服务水平和质量。确保 HIS 的安全运行和防止数据丢失十分关键，因此，需要一个完善的管理体系。

（一）加强 DIP 软件系统配置与维护

DIP 软件系统主要包括面向多用户和多种功能、符合 DIP 支付管理业务需求的计算机软件系统，即系统软件和应用软件等，并要有各类医院信息数据库及数据库管理系统。随着 DIP 政策在全国范围内的广泛推行，医院软件系统的实用性、稳定性、安全性和可扩展性要求越来越高。为保障 DIP 政策的实施，DIP 软件系统开发及其维护制度需进一步加强和完善。

（二）加强网络安全维护

根据数据保护指导意见，到 2022 年，国家要基本建成基础强、技术优、制度全、责任明、管理严的医疗保障网络安全和数据安全保护工作体制机制。现如今，医院信息安全已经不再是单一的局域网安全，一旦网络瘫痪或者数据丢失，将对医院的正常业务造成严重影响，网络安全管理面临巨大挑战。

（三）加强 DIP 支付精细化管理

在 DIP 支付方式的实施过程中，由于病种数量大，粗放式管理不能满足医疗机构医保管理需求。信息系统可为医保管理、病案质控、收费审核等人员提供必要的 DIP 运营分析，实施 DIP 支付精细化管理，不断提高专业能力和管理水平，促进医疗机构提质增效和长期可持续高质量发展，为参保人提供更加规范、优质的医疗服务。

二、准备工作

DIP 相关的系统模块一般基于原有 HIS 基础进行改造，医院需整合医保业务部门和临床科室的需求，做好 HIS 相关模块的功能梳理和升级改造，将 DIP 技术规范中提到的地区 DIP 目录，包括综合病种与核心病种，和相应的病种分值、药品分值、耗材分值，疾病严重程度辅助目录及违规行为监管辅助目录等嵌入 HIS 相应模块。

为了保障 DIP 系统的正常运行，切实做好网络安全保护工作，医疗机构需对其主机、应用系统进行漏洞扫描检查，以检测各信息系统是否存在安全漏洞，并对其进行安全评估，采用可控方法和手段发现其存在的安全隐患。

三、具体实施

（一）DIP 精细化管理系统开发和运维

医疗机构软件系统要满足医疗业务、医保业务的需求，给一线临床工作人员提供快速、坚实的技术支撑。由于医疗服务、医保服务的业务流程随时有更新需求，所以医院软件系统的开发需按照规范流程进行。

医疗机构 DIP 精细化管理系统开发的流程一般包括：业务需求标准化阶段、软件系统设计开发阶段、软件系统试运行阶段和软件系统运维阶段。其在业务需求标准化阶段，DIP 精细化管理系统开发工程师需要判断和了解各部门 DIP 医保业务的需求，通过对医院的系统相关数据分析，并与需要 DIP 软件系统支持的各部门人员进行详细讨论分析，明确 DIP 业务需求。在软件系统设计开发阶段，从工程师对系统框架、操作方式、工作流程、系统网络和医院系统连接等方面展开详细分析及设计，并完成软件系统开发。在试运行阶段，解决试运行过程中系统遇到的错误；最后，进入软件系统的常规运维阶段。

DIP 精细化管理系统主要为本医疗机构医保管理部门使用，横向、纵向多维度展示 DIP 病种指标。横向比较，包括医院层面、科室层面、医生层面和病种层面的数据分析和指标比较；纵向比较，包括与既往年份的同比、上一季/月的环比等。DIP 精细化管理系统提供相关指标查询，包括各病种的人次、次均费用、医保记账金额、分值、CMI 值、费用偏差类型及占比、核心病种入组率、费用结构等。有条件的医疗机构可以进一步开展专科数据分析和麻醉费用分析等。DIP 精细化管理系统提供了必要的数据查询、数据分析、数据审核和决策支持，使得医保管理人员可进行全院 - 科室 - 诊疗组 - 个人和病种的医保运营分析，不断反馈完善提高医保管理水平。

（二）健全 DIP 系统安全管理

医疗机构应按照《中华人民共和国网络安全法》《信息安全技术网络安全等级保护基本要求》等相关法律法规，加强网络安全管理，健全网络安全制度，以确保网络安全运行。医疗机构 DIP 软件系统的平稳运行是医院稳定发展的重要保障，需对 DIP 软件系统进行安全维护，主要包括软件程序维护和数据维护。软件开发完成后，在软件的使用过程中需要及时修复存在的漏洞，根据实际业务的调整来完善程序，更新用户新的 DIP 医保业务需求。DIP 系统与国家平台的对接、传输、使用中，做好访问控制、入侵防御、防病毒和日志分析等安全保障工作。

第三节　医保信息业务编码维护与平台对接

医疗保障标准化建设是国家标准化战略的组成部分，是推进深化医疗保障制度改革的重大任务。为加快形成全国统一的医疗保障信息业务编码标准，按照"统一分类、统一编码、统一维护、统一发布、统一管理"的总体要求，国家医疗保障局将医疗保障编码标准统一为新时期医保信息交换的通用语言。统一的医疗保障信息业务编码既是当前医保业务开展的必要条件，也是 DIP 政策平稳落地和实施的数据基础。基于统一的编码规则，医院信息系统与国家医疗保障信息平台业务对接，才能实现 DIP 实时功能。

一、基本要求

（一）医保贯标

建立编码标准数据库和动态维护平台，既让开展医保大数据分析成为可能，也为医保筹资、待遇保障、支付制度、药品耗材招标采购、基金监管等政策制定提供了决策支撑。医保药品、医用耗材等数据维护工作，对于完善信息系统数据库、提升 DIP 信息精细化管理水平、优化 DIP 业务流程具有基础性作用。医疗机构应落实国家编码标准，以确保医疗保障信息业务编码的标准化。国家医疗保障信息业务标准编码包括以下 15 项。

1.医保疾病诊断、手术操作分类与代码。

2. 医疗服务项目分类与代码。

3. 医保药品分类与代码。

4. 医保医用耗材分类与代码。

5. 医保系统单位分类与代码。

6. 医保系统工作人员代码。

7. 定点医疗机构代码。

8. 定点零售药店代码。

9. 医保医师代码。

10. 医保护士代码。

11. 医保药师代码。

12. 医保门诊慢特病病种。

13. 医保按病种结算病种。

14. 医保日间手术病种。

15. 医保结算清单。

15 项医疗保障信息业务编码标准中涉及医疗机构端的业务主要包括医保医师代码维护、医保护士代码维护、三个目录代码维护、医保疾病编码维护、手术编码维护和医保结算清单。15 项编码维护角色包括医疗机构维护人员、省级专家、省级医保部门审核人员、国家级专家、国家医保局审核人员等。相关用户可在医疗保障业务信息编码标准数据库页面注册用户账号、按照页面提示来进行维护（图 7-2）。

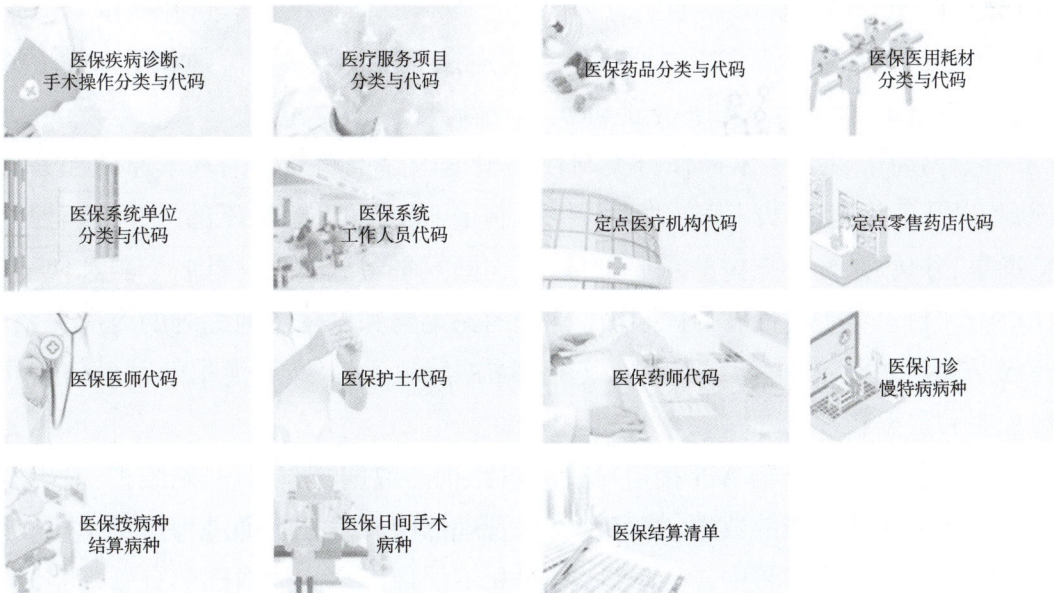

图 7-2　医疗保障业务信息编码标准数据库维护入口

（二）医保结算清单生成

按照《国家医疗保障局办公室关于修订〈医疗保障基金结算清单〉〈医疗保障基金结算清单填写规范〉的通知》（医保管理部门发〔2021〕34号）要求，医院信息系统需要自动抓取生成医保结算清单，做好医院基础信息质量控制，向医保部门申请费用结算时完整上传。

（三）与国家医疗保障信息平台业务对接

为进一步加强医疗保障信息化建设，按照国家医疗保障局的统一部署，2021年各地市逐渐完成医疗机构信息系统接口联调验收工作，并上线国家医疗保障信息平台（以下简称国家平台），医疗机构DIP业务接口开始与国家平台进行接口对接，DIP相关数据要求上传至国家平台。

在DIP支付方式的实施过程中，DIP医保业务正常运转需要HIS和国家平台的稳定交互运行，支撑DIP支付在内的各项本地医保业务。在落实国家15项医疗保障业务信息标准编码的基础上，医疗机构的HIS与第三方机构和国家平台的信息交互的准确、高效是DIP医保业务畅通的基石。HIS与国家标准平台对接的模块主要包括医疗机构基础信息维护管理、目录管理、就医管理、医保结算清单数据采集和上传，以及报表管理。

二、准备工作

国家医保医师和医保护士代码维护的首要条件是动态获取医生和护士的个人信息，以便在医疗保障业务信息编码标准数据库动态维护信息并获取对应代码。医疗机构在实际工作中可通过信息化途径专门建立医保医师和医保护士的信息采集系统，使得医生和护士能够实时更新自己的个人信息。

医保疾病诊断、手术操作分类与代码根据国际疾病分类的基本原理和分类规则，以及卫生健康部门发布的现行标准制定，是我国医疗保障部门开展病种信息采集、分析、统计和支付的重要工具，可在国家平台上查看、咨询、下载和使用。针对三大目录维护方面，医疗机构需整理国家编码和医院本地编码的对应关系。医保结算清单是DIP的数据来源，医疗机构需做好医保结算清单的基础信息质量控制和数据管理。

医疗机构对于不需API接口对接就可维护的数据，需及时准确维护；对于需要接口改造才能维护的数据，需组织信息管理部门开发工程师进行信息化建设。在实际业务的操作过程中，医疗机构需建立不同部门之间的内部信息管理制度，以保障DIP支付的正常开展。

三、具体实施

(一)医保医师和医保护士代码维护

医疗机构需建立医保医师和医保护士信息维护制度,包括信息采集、代码维护和数据更新。信息维护人员可通过信息系统实时采集最新的医保医师和医保护士信息。医保医师、护士代码的维护分为医疗机构维护阶段、县区级-地市级(含省本级)-省级-国家医保部门维护审核阶段,各阶段信息维护和审核人员需要完成提交、维护或审核工作。当有新的医保医师和医保护士代码需要维护时,医疗机构需要采集新的医保医师、护士信息,并在医疗保障业务信息编码标准数据库进行动态维护,然后获取相应的国家医保医师/医保护士代码。

(二)医疗机构基础信息维护管理

医疗机构需按照具体数据规范动态在医保系统更新信息。维护内容一般包括医疗机构信息维护、机构银行账户信息等(表7-1)。

表7-1　医疗机构基础信息维护管理表

功能项	功能说明
医疗机构信息维护	对医疗机构信息进行维护
机构银行账户信息维护	对机构银行账户信息新增、查询、修改、删除
科室维护	对科室新增、查询、修改、删除
病床维护	对病床新增、查询、修改、删除

(三)在 HIS 中嵌入医保信息业务编码

根据执行国家统一医保信息业务编码标准的要求,医疗机构需上传医保相关的疾病诊断编码、手术操作编码、三大目录编码、医保医师编码和医保护士编码等各类医保接口中涉及的编码字段至医保系统。医疗机构的 HIS 需与医保系统相关编码进行对照,在实际业务当中需将疾病诊断编码、手术操作编码、医保医师代码、医保护士代码和三大目录编码嵌入到 HIS 中,方便 DIP 软件系统的开发和信息上传,保障 DIP 医保业务顺利开展。

三大目录信息贯穿于整个 DIP 医保业务流程之中。三大目录信息匹配的准确性直接关系到参保人就医结算的准确性。最新的目录数据需动态嵌入医疗机构的 HIS 中,方便医疗机构对三大目录的更新和管理,并上传数据至国家平台。

（四）DIP 住院业务管理

DIP 住院业务主要包括住院管理和出院信息管理（表 7-2）。DIP 住院业务的数据流程和普通的住院业务数据流程基本一致，其主要区别在于 DIP 住院业务数据需要上传至国家平台。医疗机构需对 DIP 住院业务全流程管理，使住院相关业务办理更加高效。

表 7-2　DIP 住院业务管理功能表

功能项	功能说明
DIP 住院管理	医疗机构对参保人的住院就医流程进行数据管理，同时与国家平台对接，实现住院就医全过程的数据管理
DIP 出院管理	医保结算清单数据质控

DIP 住院管理一般包括住院流程信息管理和出院信息管理，住院流程信息管理主要包括参保人身份识别、医保登记、费用上传、出院登记和费用结算。DIP 出院信息管理一般包括医保结算清单数据质控。

DIP 结算申报管理模块作为医疗机构和医保经办机构之间医疗费用拨付、医保费用对账的重要环节，其功能的稳定性关系到医疗机构运营的流畅性和安全性。医疗机构可在费用正式申报前进行医保结算对账和 HIS 相关数据校验等。通过信息化途径核对 HIS 医保结算数据，不仅能节约人力物力，而且也会提升数据核对、数据上传和数据确认的效率。

（五）自动化生成医保结算清单

医保结算清单数据指标共有 193 项，其中基本信息部分 31 项、门诊慢特病诊疗信息部分 6 项、住院诊疗信息部分 58 项、医疗收费信息部分 98 项。医疗机构应按照国家医疗保障信息平台接口规范，在参保人就医结算后实时上传医保结算清单信息，并保障信息传输的准确。医保结算清单填写应当真实、及时、规范、完整、准确地反映住院期间诊疗信息。

按照医保的贯标要求，如果疾病编码、手术编码、三大目录编码、医保医师编码、医保护士编码的接口传值有具体要求，医疗机构需在医保结算清单数据采集和指标计算前做好转换。

医保结算清单有别于病案首页，病案首页主要用于医疗机构绩效考核，而医保结算清单用于医保结算（包括 DIP 住院业务）。医保结算清单和病案首页指标相比，有相同指标，也有差异指标（表 7-3）。医保结算清单经过病案质控后可进行上传，病案首页和医保结算清单上传中相同的数据项在上传后应保持一致。

因此,HIS可在上传前对有明确规则限制的数据项进行数据审核和数据校验,避免或减少人工质控过程中的错误,以保障数据上传的准确和完整。

表7-3 医保结算清单和病案首页对照表

栏目	病案首页	医保结算清单
指标数量	56	57
相同指标	40	40
差异指标	16(未纳入医保结算清单)	17(新增指标)
主要用途	绩效考核	医保结算

第四节 DIP支付下院内基金监管的信息化支撑

健全待遇保障、筹资运行、医保支付、基金监管四个机制是完善医保体系的重要举措。《医疗保障基金使用监督管理条例》(国务院令第735号)对基金安全使用提出了更全面的要求。

一、基本要求

基金监管信息化将有助于提升医保治理现代化水平,助力高质量的医疗保障制度建设。医疗机构可以运用大数据分析技术,建立事前提醒、事中干预、事后审核工作机制,助力多部门联动配合,推动DIP数据流程和数据质量的闭环管理,进一步加强数据审核和数据治理,落实DIP支付下院内基金监管。日常监管方式需适应医保基金管理链条长、风险点多、骗保隐蔽性强的特点,形成对基金的事前、事中、事后的全流程监管。信息化技术将成为常态化的监管手段,医疗机构需全面建立智能监控制度,加快建立智能监控系统,实现基金监管从人工抽单审核向大数据全方位、全流程、全环节智能监控转变。

二、准备工作

首先,搭建大数据的集成平台。在构建新的信息系统时,需充分考虑到各系统之间的兼容性,将信息共享,搭建数据的集成平台。大数据平台可以提高人们的认知能力,是社会发展的必然产物。利用大数据平台帮助医院发现事物间的关联性,多个角度去看待问题,辅助医院做出正确的决策,并推测出整体形势的发展趋势和结果,辅助管理者决策。通过医疗大数据项目的实施,可以解决医院信息孤岛问题,将数据进行分层处理,减少资源消耗,实现数据统计口径一致、顶层元数据统一、互联互通、信息共享。

其次,医疗机构需通过多部门沟通,明确医疗过程中潜在的基金风险环节,明确基金监管规则、监管细节,落实监管主体、对象及责任。

三、具体实施

根据风险点制订相应的审核逻辑(表7-4),将审核逻辑内嵌于信息系统中,通过弹窗提醒、权限限制等技术手段逐一实现风险审核。

表 7-4 各风险点审核规则逻辑

序号	风险点	规则逻辑
1	分解住院	对参保人员出院后短时间内再次入院的住院单据进行审核 如根据各地实际情况设置出现以下情况之一: (1)短时间内(如48小时内)在同一家医院再次入院,系统提示违规 (2)短时间内两次住院过程,明细费用相似度超过一定比例(80%)时,系统提示违规
2	低标住院	筛查本次住院医保支付费用低于某个金额,且本次住院中出现以下情况之一的可疑单据: (1)自入院开始连续3天(含)只有检查无治疗和药品 (2)自入院开始连续2天(含)只有物理治疗无药物治疗 (3)自入院开始连续2天(含)只有药物治疗没有检查 (4)当次住院费用中药费占比大于85% (5)当次住院费用中检查费占比大于80% (6)当次住院费用中治疗费占比大于80% (7)当次住院单据中,只有等级护理费、床位费及口服药 (8)本次住院天数低于2天 除外条件: (1)如入院期间有抢救费用或有尸体料理费用,系统不提示 (2)不审核有手术项目
3	重复收费	医疗服务项目"项目内涵"已包含的项目,或"备注"中明确不得同时收费的项目同时收取
4	次要手术收费异常	审核同一切口,次要手术收费是否合理
5	超限定价格	审核物价标准中无说明一栏单据的单价,去除医院外送项目

续表

序号	风险点	规则逻辑
6	项目依存关系检查	诊疗项目的使用必须与限定的诊疗项目同时使用,为一对一关系。比如,手术标本检查必须有对应的手术操作
7	超限定频次	诊疗项目在一个时间区间内限定使用的次数
8	超临床常规治疗频次	通过临床知识引擎的运算,对物理治疗项目、检查检验项目等诊疗项目的常规使用频次和疗程,筛查超出常规治疗强度的异常单据
9	违反限定支付范围用药条件	对药品目录限定用药中限定支付范围用药的药品进行审核,审核其诊断或诊疗项目
10	限儿童审核	(1)对药品目录限定用药中限儿童、小儿、新生儿使用的药品进行审核 (2)对物价中限儿科、新生儿使用的项目进行审核
11	限定性别审核	限定所对应性别人群使用的诊疗项目,并只审核限定性别使用的诊疗项目、药品
12	医保支付范围审核	审核诊疗项目是否属于医保支付范围
13	出院带检查或治疗	出院病人带有检查或治疗项目的进行提示

在实际工作中,根据DIP付费的结算要点并结合医院实际工作需要,整合医院历史异构数据[①],利用数据挖掘技术对分析模型进行多维度计算并存储,在数据的输出时充分利用管理工具或方法,向医院管理人员展现出较为直观的分析报表、图形等,指导医院进行医保精细化管理。大数据的核心在于如何利用和分析数据。大数据的分析和挖掘是展现医院软实力的一个重要指标,只有充分挖掘数据背后的内容,才能更好地提升医院精细化管理水平。

第五节　全流程质量监管体系案例

在DIP支付的实施过程中,南方医科大学珠江医院在贯彻落实国家和行业信息化标准的同时,优质高效地完成15项医保信息业务编码贯标工作。结合医

---

① 异构主要指数据结构上的差异性,异构数据包括结构化数据、半结构化数据、非机构化数据。

院管理工作特点及医保管理要求,开展以信息化建设为载体,大数据技术为支撑的 DIP 支付精细化管理。建立日常全流程医疗质量监管体系,依据管理需求自行研发医保信息化管理工具,实践"双控、闭环、全程"的管理模式,助推公立医院高质量发展。

一、医疗保障信息业务编码贯标

医院高度重视并建立了有效的贯标工作机制:组建专项工作组,落实制订工作任务责任台账,以时间节点和工作类别分解各项任务并贯彻执行,确保工作完成优质高效。医疗机构所涉及的业务涉及三大目录、医护人员医保代码、疾病诊断及手术操作编码及医保结算清单的标准化维护与实现。

三大目录的贯标维护是整项工作的重点和难点,关系到人民群众的待遇保障及医保基金的安全。医院采取"专人匹配,系统核查"的配套工作机制。根据三大目录贯标要求及匹配要点,自行研发药品、耗材及诊疗项目的目录匹配程序,通过系统软件支持,确保三大目录贯标工作准确、高效。

医护人员医保代码维护是长期性、常态化工作,医院形成"职能部门日常维护、医护反馈更新"的维护机制。第一,医院医保、医务、人事及护理部门建立常态化联系,及时获取新入职、职称转变、多点执业、离职等医护信息,确保医护信息采集、代码维护及数据更新。第二,通过信息化手段,将医护医保代码的信息维护纳入 HIS 医护常用工作站。医护人员可通过输入身份证号获取医保代码及职称、联系方式等信息,如有变更或新增,点击更新按钮进行数据更新,流转至医保职能部门,相关人员及时进行代码及相关信息维护。

医疗保障基金结算清单部分指标在 HIS 中无直接数据,需从其他子系统抓取并计算,医保部门协调信息科及其他相关科室准确理解把握指标含义,正确计算、提取指标值。医保结算清单数据填写不规范如医疗机构代码信息错误、主诊断信息空白、医保医师为空将导致 DIP 不能正常入组。机构编码、等级上传错误,医保支付方式上传错误,病种编码上传错误,分段结算数据上传不完整则导致 DIP 入组后影响实际分值。

二、信息系统助力全流程管理

全流程管理包含事前 - 事中 - 事后管理环节。在事前管理中,医院信息系统关键节点嵌入医保管理要求,优化服务流程。医生接诊开处方或开住院证时,系统自动弹框"医保要求",实时提醒,及时规范。如在住院证界面对两次住院间隔时间予以实时提醒;对病案首页不合理诊断编码予以限制通过;对"是否符合医保基金限定支付药品"实时弹框判断;设置门诊处方"违规用量"窗口提醒与限制。

在事中管理中,医院自主研发医保管理工具,嵌入医生工作站,形成 DIP 管理事中提醒界面。医生及管理人员可以实时掌握病人的病案首页信息、诊疗信息、实时费用及费用结构信息,对整个诊疗过程及费用控制有全面的了解及掌握,提升诊疗操作的准确性及用药用耗合理性。

在事后管理中,医院根据已出院病人的病案首页及费用信息,基于系统平台,聚焦关键指标分析监管,督促科室控费提质。病案室编码员借助系统对医生填报的病案首页进行质量控制及规范编码。医保管理部门则利用该系统进行诊疗合理性审核及全院-科室-诊疗组-病种的医疗费用、CMI、医保盈亏等 DIP 相关指标分析。医保管理部门逐月进行数据分析,将结果反馈至科室,科室查漏补缺,不断完善收治病种结构,提高服务水平。系统同步监控审核轻病入院、分解出院病例。系统还涵盖住院收费审核功能,包括超限定价格、超限定频次、错收费、漏收费、过度检查、分解项目收费、手术收费是否有检查、住院诊察费超过实际住院天数、串换收费和出院带检查治疗项目审核等,通过信息化手段助力财务收费准确无误。

三、创新完善管理模式

医院依据国家公立医院绩效考核指挥棒的要求,紧密结合医保医改政策,率先践行双控策略,即医疗质量优先,兼顾合理控费,一手抓医疗质量和专科发展,一手抓医疗效率和医疗效益。医院制定《南方医科大学珠江医院医疗质量和医疗费用双控制管理办法》,建立以医疗质量为基础的医疗费用控制机制,两手抓,两手硬(图 7-3)。明确将合理诊疗、合理用药、合理收费等重点指标纳入医保绩效管理,并运用大数据 DIP 工具,规范诊疗行为,推进药品和耗材成本管控,优化医院和临床科室的医疗技术结构、病种结构、费用结构,推进医院高质量持续发展。

医院建立闭环管理机制(图 7-4),从数据产生到上传的关键环节实施有效把控。基于病人入院-出院全流程的 6 个关键环节,通过医生编码、预出院费用审核、病案首页审核、月报预审核、生成月报报表、月报后审核延伸出"4 个闭环"数据质量保障链,以医生编码出发点,环环把关返回临床数据产生源头,确保数据一致、准确,不断夯实病种分值政策数据基础。运用系统管理思维,全员动员,多方联动，合理分工，无缝衔接，有序推进，发挥"1+1＞2"的聚力效益，确保实施成效。

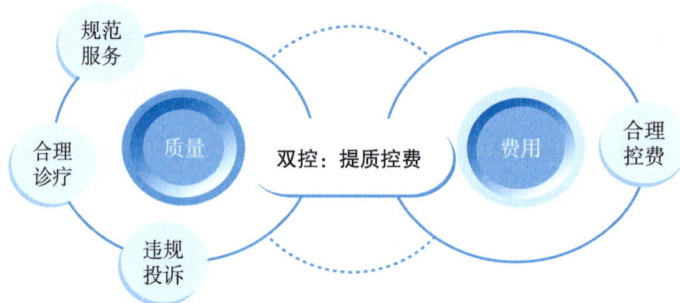

图 7-3　医院双控管理

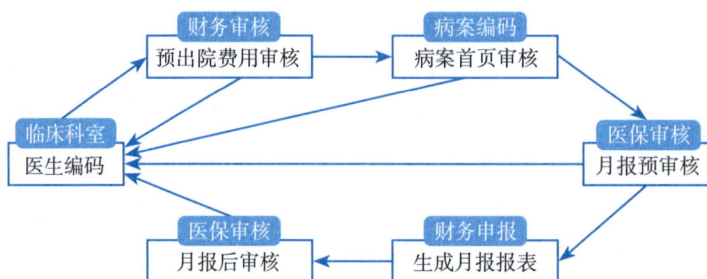

图 7-4　医院数据质量管理"4 个闭环"

闭环 1：医生编码→预出院费用审核→医生（临床）

闭环 2：医生编码→预出院费用审核→病案首页审核→医生（临床）

闭环 3：医生编码→预出院费用审核→病案首页审核→月报预审核→医生（临床）

闭环 4：医生编码→预出院费用审核→病案首页审核→月报预审核→生成月报报表→月报后审核→医生（临床）

信息化智能监管贯穿始终，医院为建立事前提醒 - 事中干预 - 事后监督反馈的诊疗全流程管理（图 7-5）。根据医保政策要求、医保智能审核规则及绩效国考综合评价指标，事前在医院信息系统的关键环节植入管理要求，使繁杂的政策扁平化、可视化，贯穿病人入院诊疗全流程；事中聚焦医疗质量、费用双控制目标，通过信息化的有效支撑，潜移默化地影响和改变医生诊疗行为，实现"全程信息化、信息全程化"管理。通过事前、事中管理遏制问题萌芽，避免事后的医保基金违规使用、拒付等问题。

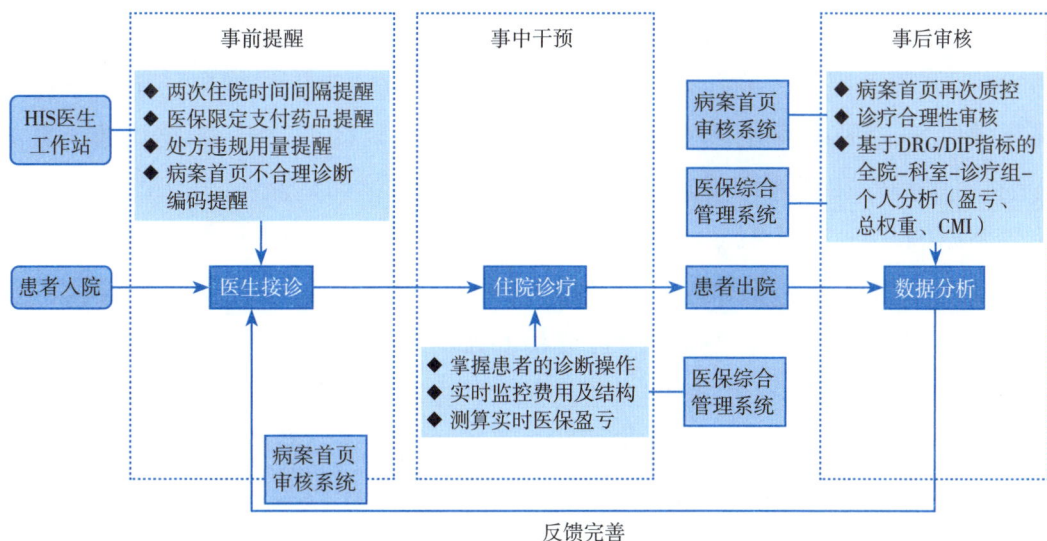

图 7-5　医院事前 - 事中 - 事后诊疗全流程管理模式

四、成效总结

(一)建立一体化 DIP 运营模式

DIP 信息化全流程监测模式基于当前 DIP 政策和医疗机构医保运营现状,统筹整合 DIP 数据,给医疗机构临床医生、医务数据分析人员、财务收费审核人员、病案质控人员和医保管理人员等提供了必要的数据查询、分析、审核和决策支持,既保证了医疗质量,推动了医疗机构合理诊疗、合理收费;又减轻了人力成本,提高了医疗机构医保运营效率和精细化管理水平。

临床医生可以通过此信息平台实时掌握本科室的实际病种结构、病案首页、费用信息及其他相关医疗指标。数据分析人员可以通过此信息平台提取到必要的分析数据,进行数据分析并反馈。财务收费审核人员在日常工作中借助此信息平台可避免错收费和漏收费。病案质控人员可通过此系统对病案首页编码进行核对校验及质量控制,提高编码的效率和准确性。医保管理人员则借助此信息平台进行"全院 - 科室 - 诊疗组 - 病种"的医保运营分析,不断反馈完善,提高医保管理水平。

(二)有效监测数据质量

通过建立基于 HIS 的 DIP 监管体系,医院可实现日常运行监测和全流程智能监测。基于信息系统,在事前阶段,医院能够进行待遇判断审核和信息拦截,通过实时弹窗提醒不断巩固强化医生对医保要求的理解和掌握,预判并避免发生违规问题。在事中阶段,医院实现了实时审核和监控,根据诊断和手术操作判断提供查询审核功能，包括病例的诊断、手术操作、费用及费用结构、预匹配病种、测算分值等，还包括特殊操作提醒，方便医生从一个信息窗口获取和掌握全部相关信息，潜移默化的转变医生诊疗行为。在事后阶段，医院根据病案首页的诊断、手术操作和其他相关信息对病历进行模拟入组和判断，在基于临床实际和编码原则的基础上，为病案编码人员或临床医生提供了最优化建议，且在医保结算清单上传前对 DIP 支付相关的数据进行了有效质控。与此同时，医保部门进行全院、科室、诊疗组各层面的病种分析并及时与科室通报反馈。此外，每月数据报送阶段对 HIS 报表数据和 DIP 数据审核校验后计算和存储了关键数据，年终清算时再次核对，实现 DIP 数据全流程监测管理。

（三）信息与人工审核互补

DIP 支付方式要求医疗机构开展医保精细化管理，信息大数据的发展为精细化管理提供有效支撑，符合政策有效引导医疗资源配置的要求，也符合公立医院高质量发展的预期。基于信息化的医保精细化管理对于提高医疗质量，改变医生诊疗行为，合理控制医疗费用的实现意义重大。一方面，通过全流程信息化监测模式极大助力和支撑人力工作，极大提高了临床医生、财务收费、病案编码、医保医务等人员日常工作的效率和准确性。另一方面，以大数据技术为基础，利用真实、客观的数据监管模式潜移默化的影响临床行为。信息系统对规则明确的数据进行阻断拦截，对模糊规则进行人工审核判断，实现智能监管与人工监管的合力效果。

（四）流程优化

根据国家医疗保障局《医疗保障信息平台建设指南》及省市关于"数字政府"建设的总体规划要求，医疗保险信息系统云化改造升级建设工作成为未来医院发展的重要方向。医院要通过系统升级优化来开展医院信息化建设，进而提升 DIP 业务的信息化环境。流程优化涉及 DIP 支付各方面资源的优化整合，包括硬件系统、相关软件系统、网络系统等，此外，还包括 DIP 业务流程、数据流程、运维流程和应急预案等，可按照必要及个性化的优化需求进一步对业务接口进行改造。

根据需求进行信息系统、升级接口改造之后，DIP 信息流程往往会在医院面临不同的数据流程模式。例如，该院已开展移动支付、就医信用无感支付等结算模式，需要按相应使用流程对数据流程进一步设计整合，以保障业务正常运转。同时，医院会根据信息化运营情况在做好信息安全保障的同时，不断梳理医院硬件、软件系统等各个业务流程系统中的存在的问题，结合医保支付新业务需求，不断完善信息化工作机制,加强信息化基础建设,积极研究利用云计算、大数据挖掘、循证医学等技术改善和优化 DIP 信息环境。

参考文献

[1]杨霜英,徐旭东.医院信息管理系统安全运行的保障方法[J].中国医疗设备,2008,23(4):4.

[2]李享,张金辉,李婧,等.大型医院网络安全持续性改进工作要点[J].中国数字医学,2020,15(01):67-69.

第八章

财务管理实施细则

在 DIP 支付的实施中,财务管理部门作为医院财务收支、成本管理的统一管理部门,必须深入学习理解 DIP 支付政策,将财务管理工作与 DIP 支付、病种管理融合,做好物价管理、核算管理和成本管理等相关工作。

第一节 财务管理部门在 DIP 实施中的角色定位

根据 DIP 支付的"总额预算、病种赋值、月度预结算、年度清算"原则,医保机构根据病种分组的既定分值及当年每分值的费率与医院结算医疗费。由于 DIP 支付实行区域总额医保预算管理,每家医院最终获得医保支付的金额就与当年医院各病种最终获得的分值总数有关,超过支付标准后,医保将不能全额偿付医院,直接减少医院实际的医疗收入。因此,DIP 支付方式的推行对医院财务管理的影响是比较直接的,医疗收入总额或收入结构将受到影响,经济运行压力加大。

为缓解经济运行压力,医院财务部门需在依法组织收入、开展会计核算的基础上,建立健全以经济管理为重点的科学化、规范化、精细化运营管理体系,强化全面预算、成本核算、医保结算、绩效考核分配等管理,节约成本费用,提升内部资源配置效率和运营管理效益,推动医院高质量发展。

在物价管理方面,财务管理部门需建立健全医疗机构内部价格管理体系的基础上,建立医院内部医疗服务收费及价格行为管理质量考核及反馈机制、开展病人医疗费用结算前复核工作、建立价格管理及收费管理培训制度,监管医疗服务收费及价格行为,依法组织收入。

在会计核算方面,财务管理部门需按国家相关制度要求,对确认 DIP 收入、确认应收 DIP 医疗款、收回 DIP 医疗款及确认 DIP 结算差额等经济事项进行会计核算,提供客观、准确及明细的会计信息。

在成本管理方面,财务管理部门需要医院建立一个相对完善的成本核算与管理体系,遵循医院成本核算的基本规范和要求,开展 DIP 病种成本核算管理。

第二节 加强医疗服务价格管理

一、基本要求

DIP 物价结算管理是指按照《中华人民共和国价格法》《中共中央国务院关于深化医药卫生体制改革的意见》及《医疗机构内部价格管理规定》等文件要求,建立健全医疗机构内部价格管理体系,监管医疗服务收费及价格行为。

(一)医疗服务价格行为管理组织

遵循《医疗机构内部价格管理规定》的相关要求,建立由医疗机构分管领导、医务管理部门、价格管理部门、临床科室和医药物资采购等部门组成的医疗机构内部价格行为管理组织,包括医院价格管理委员会、价格管理职能部门、科室医疗收费管理小组。医院价格管理委员会负责医院价格管理工作的领导、组织和决策,并发挥统筹协调作用;价格管理职能部门负责组织开展医疗服务项目价格管理及价格行为监督工作;科室医疗收费管理小组负责本科室的收费质量管理。

(二)医疗收费及内部价格管理规章制度

根据《中华人民共和国价格法》《中共中央国务院关于深化医药卫生体制改革的意见》等有关政策法规,结合医疗服务价格管理特点,建立健全医疗机构内部收费及价格管理各项规章制度,制定相关工作流程及质量管理标准等,并定期审核、及时修订和完善不适用内容。

二、准备工作

(一)建立医疗服务收费及价格行为质量管理工作机制

医疗机构医疗服务收费及价格管理实施财务、医务、信息、护理等多部门联合管理的工作机制,在医院价格管理委员会的领导下,各级职能部门、临床医技科室及相关人员根据价格管理规章制度,履行相应职责。

（二）建立医疗服务收费及价格行为质量控制和监督管理体系

依据价格管理相关政策要求，结合实际制订医疗机构内部价格行为质量控制及监督管理体系，包括质控方法、质控标准、质量管理要求及奖惩制度。

（三）应用智能信息系统管理医疗服务收费及价格行为

通过智能化手段，融合收费及价格政策，对医院收费及价格行为设置系统限制、筛查及纠错等功能。利用信息系统，加强医疗费用内部审核，规范医疗收费，维护病人权益。价格管理职能部门使用智能信息系统的监控数据，对院内收费及价格行为进行质控分析，为制订医疗服务质量管理持续改进目标与评价改进效果提供依据。

三、具体实施

医疗机构内部价格行为问题主要包括自立项目收费、分解项目收费、超标准超范围收费、串换套用项目收费、虚增、虚记项目收费等，这些问题可能导致多收病人费用、医保基金多付或医保扣款的情况。通过加强管理，逐步规范临床医技科室的医疗服务收费及价格行为，减少或避免违规收费，保障病人、医院及医保三方利益。

（一）建立价格管理考核及反馈机制

依据医疗机构建立的内部价格行为质量控制及监督管理体系（图 8-1），开展内部医疗收费及价格行为质量考核，考核结果与科室绩效挂钩，质控结果及整改建议依据监督检查级别分别在科室、价格委员会或医院例会上通报。

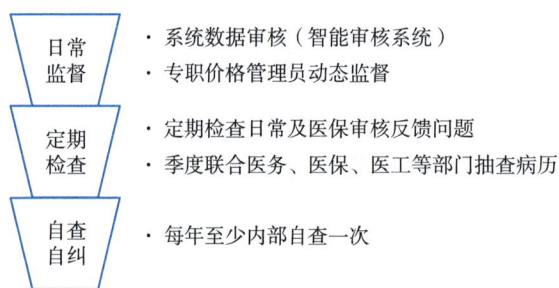

日常监督	· 系统数据审核（智能审核系统） · 专职价格管理员动态监督
定期检查	· 定期检查日常及医保审核反馈问题 · 季度联合医务、医保、医工等部门抽查病历
自查自纠	· 每年至少内部自查一次

图 8-1 医疗服务收费及价格行为监督流程图

1. 日常监督

（1）HIS 设置收费数量、收费金额异常报表。有条件的医院可以升级为智能审核系统。

（2）专职价格管理员每日核查住院病人"异常收费报表"或"智能审核系统"

反馈的异常情况,与项目执行科室核实疑点,确实存在问题的立即予以纠正。

2. 定期检查

(1)将日常监督检查及医保审核反馈存在的问题,作为定期检查内容,进行"举一反三"的核查。

(2)每季度联合医务、医保、医工部(医用设备、医用耗材管理部门)及护理管理部门,按照医院内部价格管理制度规定抽查出院病人病历,进行价格执行的整体质控检查。

3. 审核反馈　及时处理医保审核反馈信息,自查分析扣款记录,对于属实的违规情况,开展自纠及整改;不属实的情况,应积极向医保中心申诉。

4. 年度自查　每年至少开展一次全院范围的价格执行情况内部自查自纠工作。

(二)开展病人医疗费用结算前复核工作

医院应在病人出院结算前对病人住院期间发生的医疗费用进行收费复核,包括收费项目是否均提供了服务,是否有相应的医嘱及诊疗护理记录;是否存在自立项目收费、分解项目收费、超标准收费、套用串换项目收费及虚增、虚记项目收费等。

(三)建立价格管理及收费管理培训制度

依据价格管理、医保DIP结算管理及财务管理等的相关政策规定,建立对临床医技科室医护人员及收费人员的政策培训,指导临床、医技科室正确执行医药价格政策,确保医疗服务收费及价格执行符合政策要求。

每年至少开展一次面向全部临床医技科室的价格及收费管理政策培训。定期开展面向临床医技科室的专项培训,内容包括日常价格质控发现问题及改进措施建议等。日常质控发现的重大问题或反复的问题,及时进行一对一开展针对性的整改培训。

第三节　规范 DIP 业务会计核算

一、基本要求

DIP业务会计核算是指按照《政府会计制度》及《关于医院执行〈政府会计制度——行政事业单位会计科目和报表〉的补充规定》等文件要求,对确认DIP收入、确认应收DIP医疗款、收回DIP医疗款及确认DIP结算差额等经济事项进行会计核算,提供客观、准确及明细的会计信息,便于在 DIP 支付模式下分析医院的收入变化情况,配合做好月度、年度申报结算,及时查询不同年度、不同医疗保险机构应收回的医保款项等。

会计核算包括下列 6 个基本要求。

(1)设立 DIP 明细核算或辅助核算科目,规范进行 DIP 业务的日常账务处理。

(2)按照协议流程,及时查询、反馈医保款项到账情况。

(3)加强收入内部控制,财务定期与医保结算岗位进行对账,分析差异并查明原因。

(4)定期分析医保结算差额、坏账等事项对财务状况造成的影响。

(5)定期分析医保款项周转天数、占用资金成本等指标,加强日常管理。

(6)按照《会计档案管理办法》规定保管财务核算账目、会计凭证。

二、准备工作

(一)掌握结算规则

目前 DIP 付费主要针对住院病人而言,故会对住院收入造成影响,住院收入是指医疗机构为住院病人提供医疗服务所取得的收入,包括床位收入、诊察收入、检查收入、化验收入、治疗收入、手术收入、护理收入、卫生材料收入、药品收入、其他住院收入等。

同时,要了解“结算差额”科目,该科目核算医院同医疗保险机构结算 DIP 收入时,因医院按照医疗服务项目收费标准计算确认的应收医疗款金额与医疗保险机构实际按 DIP 支付金额不同而产生的需要调整医疗收入的差额,不包括医院因违规治疗等管理不善被医疗保险机构拒付所产生的差额。医院因违规治疗等管理不善被医疗保险机构拒付而不能收回的应收医疗款,应按规定确认为坏账损失,不通过该明细科目核算。

(二)设置明细科目

1. 收入类科目　在财务会计中,医院应当设置“事业收入”科目(表 8-1),其下设置“医疗收入”一级明细科目,再设置“门急诊收入”“住院收入”“结算差额”二级明细科目。

在预算会计中,医院应当设置“事业预算收入”科目(表 8-2),其下设置“医疗预算收入”一级明细科目,条件允许的话可再设置“门急诊预算收入”和“住院预算收入”二级明细科目。

表 8-1　财务会计科目设置

科目	一级明细	二级明细	三级明细
4101 事业收入	410101 医疗收入	41010101 门急诊收入	4101010101 挂号收入
			4101010102 诊察收入
			4101010103 检查收入
			4101010104 化验收入
			4101010105 治疗收入
			4101010106 手术收入
			4101010107 卫生材料收入
			4101010108 药品收入
			4101010109 其他门急诊收入
		41010102 住院收入	4101010201 床位收入
			4101010202 诊察收入
			4101010203 检查收入
			4101010204 化验收入
			4101010205 治疗收入
			4101010206 手术收入
			4101010207 护理收入
			4101010208 卫生材料收入
			4101010209 药品收入
			4101010210 其他住院收入
		41010103 结算差额	—

注：医事服务收入在"诊察收入"中核算；药事服务收入在"其他门急诊收入／其他住院收入"核算。医院按照国家规定的医疗服务项目收费标准计算确定的金额确认医疗收入。医院给予病人或其他付费方的折扣不计入医疗收入。

表 8-2　预算会计科目设置

科目	一级明细	二级明细
6101 事业预算收入	610101 医疗预算收入	61010101 门急诊预算收入
		61010102 住院预算收入

2. 资产（往来）类科目　为清晰反映与各医疗保险机构的结算情况，医院应在"应收账款 - 应收医疗款"科目下增设"×× 医疗保险机构 -DIP 结算"进行明细核算。为完整反映 DIP 结算的来龙去脉，可在"DIP 结算"下继续增设"申

报""预付款""审核扣款"等明细科目。

三、具体实施

在 DIP 付费方式下，按照《政府会计制度》及医院补充规定要求，会计核算应清晰反映医院取得收入、收到医保款、年度清算等经济事项，避免因业务量大、业务复杂、时间跨度长而造成的错漏。

业务发生时，医院按照规定的医疗服务项目收费标准计算确认的应收医疗款金额确认医疗收入，财务会计下，借记"应收账款 - 应收医疗款 - ×× 医保 -DIP 结算 - 申报"科目，贷记"事业收入 - 医疗收入 - 住院收入"科目。

每月医疗保险机构向医院预拨付医保款时，财务会计下，应对实际收到的金额，借记"银行存款"科目，贷记"应收账款 - 应收医疗款 - ×× 医保 -DIP 结算 - 预付款"科目；预算会计下，借记"资金结存"科目，贷记"事业预算收入 - 医疗预算收入 - 住院预算收入"科目。

医院同医疗保险机构结算时，财务会计下，应对实际收到的金额，借记"银行存款"科目，按照医院因违规治疗等管理不善被医疗保险机构拒付的金额，借记"坏账准备"科目，同时冲减相关的预收医保款，按照应收医疗保险机构的金额，贷记"应收账款 - 应收医疗款 - ×× 医保 -DIP 结算 - 申报"科目，按照借贷方之间的差额，借记或贷记"事业收入 - 医疗收入 - 结算差额"科目。预算会计下，按照实际收到的金额，借记"资金结存"科目，贷记"事业预算收入 - 医疗预算收入 - 住院预算收入"科目。

医院若有智能审核软件，当所发生的不合理费用被医疗保险机构扣除时，借记"应收账款 - 应收医疗款 - ×× 医保 -DIP 结算 - 审核扣款"科目，贷记"应收账款 - 应收医疗款 - ×× 医保 -DIP 结算 - 申报"科目。根据医保相关文件，报医院管理层审核，明确责任方责任时，借记"其他应收款"科目，贷记"应收账款 - 应收医疗款 - ×× 医保 -DIP 结算 - 审核扣款"科目；不追究个人责任，明确由院方承担，待年度清算后，可将确认无法收回的应收医疗款作为坏账损失处理，按照国有资产管理的有关规定报批后冲销坏账准备，借记"坏账准备"科目，贷记"应收账款 - 应收医疗款 - ×× 医保 -DIP 结算 - 审核扣款"科目。

例如，某年某医院按照 HIS 收入报表确认取得医疗住院收入 50 000 万元，其中核算某医疗保险机构病人住院收入 30 000 万元，每月收到医疗保险机构预拨付医保款 1 200 万元；清算时，医疗保险机构根据结算规则确认该医院的结算收入为 29 000 万元。则该医院须确认收入结算差额为 1 000 万元（30 000 万

元 –29 000 万元)。结算差额的计算公式为:

按收费项目计算取得的收入 – DIP 结算取得的收入 = 结算差额

账务处理如表 8-3 所列。

表 8-3　账务处理

业务内容	财务会计	预算会计
收入确认(20××年)	借:"应收账款 – 应收医疗款 – × × 医保 –DIP 结算 – 申报"为 30 000 元 贷:"事业收入 – 医疗收入 – 住院收入"为 30 000 元	—
每月预收到医保款(20××年)	借:银行存款为 1 200 元 贷:"应收账款 – 应收医疗款 – × × 医保 –DIP 结算 – 预付款"为 1 200 元	借:资金结存为 1 200 元 贷:"事业预算收入 – 医疗预算收入 – 住院预算收入"为 1 200 元
年度清算(20××年)	借:银行存款为 14 600 元;"应收账款 – 应收医疗款 – × × 医保 –DIP 结算 – 预付款"为 1 200*12=14 400 元;"事业收入 – 医疗收入 – 结算差额"为 1 000 元 贷:"应收账款 – 应收医疗款 – × × 医保 –DIP 结算 – 申报"为 30 000 元	借:资金结存为 14 600 元 贷:"事业预算收入 – 医疗预算收入 – 住院预算收入"为 14 600 元

第四节　开展 DIP 病种成本管理

一、基本要求

DIP 病种成本核算是指以 DIP 病种为核算对象,按照一定流程和方法归集相关费用计算 DIP 病种成本的过程。开展 DIP 病种成本核算,需要医院建立一个相对完善的成本核算与管理体系,遵循医院成本核算的基本规范和要求。

(一)建立健全成本核算组织

根据《关于印发公立医院成本核算规范的通知》(国卫财务发〔2021〕4 号)要求,医院应当建立健全成本核算组织架构,包括成本核算工作领导小组、成本核算部门和各部门兼职成本核算员。各组织人员构成和职责分工参考规范要求执行。

(二)成本核算基本原则

医院应当遵循财政部公布的政府会计准则制度、《事业单位成本核算基本指引》《关于医院执行政府会计制度——行政事业单位会计科目和报表的补充规定》《医院财务制度》《公立医院成本核算规范》等规章制度，建立健全医院内部成本核算管理的各项规章制度。

医院在进行DIP病种成本核算时，应当遵循成本核算的六大基本原则：①相关性原则；②真实性原则；③适应性原则；④及时性原则；⑤可比性原则；⑥重要性原则。

二、准备工作

（一）DIP病种成本数据采集工作机制

医院应当根据自身实际情况确定提供DIP病种成本核算数据的部门，明确各部门分工及职责，建立协作机制。各部门依据相关规定和要求定期完成本部门成本核算相关信息和资料的记录、统计、核对与报送等工作。除了常规的成本数据外，DIP病种成本核算下，需要医保管理部门提供包括DIP病种分值库、DIP分组结果在内的相关病种信息。

（二）DIP病种成本核算方法

病种成本核算方法主要有自上而下法（top-down costing）、自下而上法（bottom-up costing）和成本收入比法（cost-to-charge ratio，CCR）。采用不同核算方法，根据基础成本数据可以核算出单个出院病例的成本。DIP病种成本以DIP病种为核算对象，通过分组器划分出不同的组别，将同病种病人归为一组，然后将组内每名病人的成本累加形成病种总成本，采用平均数等方法计算病种单位成本（图8-2）。

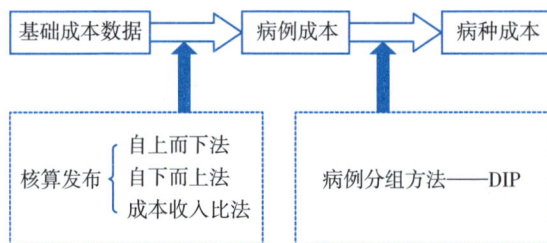

图 8-2 病种成本核算流程图

1. 自上而下法 以成本核算单元成本为基础，计算病种成本。医院成本核算单元应当按照科室单元和服务单元进行设置。科室单元是指根据医院管理和学科建设的需要而设置的成本核算单元。例如，消化病房、呼吸门诊、手术室、检验科、供应室、医务管理部门等。服务单元是指以医院为病人提供的医疗服务内容类别为基础而设置的成本核算单元，例如，重症监护、手术、药品、耗材等服务单元。按照以下步骤开展核算。

（1）核算单个病例的药品和单独收费的卫生材料费用，形成单个病例的药品及单独收费的卫生材料成本。

（2）将成本核算单元的成本剔除所有计入病例的药品和单独收费的卫生材料费用后，采用住院天数、诊疗时间等作为分配参数分摊到各病例。

（3）将步骤1和步骤2成本累加形成单个病例的病种成本。

（4）将相同DIP病种病人归为一组，然后将组内单个病例的成本累加形成病种总成本，采用平均数等方法计算病种单位成本。

病种总成本 = $\sum$ 某病种单个病例成本

某病种单位成本 = 该病种总成本 / 该病种出院病例总数

2. 自下而上法（即项目叠加法）　以医疗服务项目成本为基础计算病种成本。采用自下而上法，需要事先完成全院所有医疗服务项目成本核算工作，然后按照以下步骤开展核算。

（1）将医疗服务项目成本、药品成本、单独收费的卫生材料成本对应到每个病例后，形成单个病例病种成本。

单个病例病种成本 = $\sum$（该病例核算期间内某医疗服务项目工作量 × 该医疗服务项目单位成本）+ $\sum$ 药品成本 + $\sum$ 单独收费的卫生材料成本

（2）将同病种病例归为一组，然后将组内每个病例的成本累加形成病种总成本，采用平均数等方法计算病种单位成本。

病种总成本 = $\sum$ 某病种单个病例成本

某病种单位成本 = 该病种总成本 / 该病种出院病例总数

3. 成本收入比法　成本收入比法以服务单元的收入和成本为基础计算病种成本，通过计算医院为病人提供的各服务单元的成本收入比值，利用该比值将病例层面的收入转换为成本。按照以下步骤开展核算。

（1）合理划分服务单元

服务单元划分的基本原则为：①将服务性质相似的科室和同类别费用归入相应的成本中心；②服务性质和费用类别差异较大或者CCR值差异较大的服务单元，应当独立划分；③将药品和卫生材料等以物质资源消耗为主的服务单元作为单独的成本中心进行核算；④服务单元的划分应在成本核算能力范围内，尽可能精细划分以提高核算的准确性。

（2）计算各服务单元的成本收入比值

某服务单元成本收入比 = 该服务单元成本 / 该服务单元收入

（3）计算单个病例病种成本

单个病例病种成本 = ∑ 该病例某服务单元收入 × 该服务单元成本收入比

（4）计算病种单位成本

将同病种病例归为一组，然后将组内单个病例的成本累加形成病种总成本，采用平均数等方法计算病种单位成本：

病种总成本 = ∑ 某病种单个病例成本

某病种单位成本 = 该病种总成本 / 该病种出院病例总数

4. 基于临床路径的 DIP 病种成本核算

根据核算采用数据的不同，DIP 病种成本可以分为历史成本和标准成本。历史成本（也称作实际成本），按照病人住院过程中实际产生的医疗服务项目及其耗费核算病种成本。

标准成本，即对每个病种按病例分型制订规范化的诊疗方案，再根据该病种临床路径所需医疗服务项目的标准成本核算病种成本。采用项目叠加法核算 DIP 病种的标准成本的计算公式为：

某病种标准成本 = ∑（临床路径下该病种各医疗服务项目工作量 × 该医疗服务项目单位成本）+ ∑ 药品成本 + ∑ 单独收费的卫生材料成本

以上项目工作量可从相关主管部门确定的病种临床路径所包含的项目计算取得，各项目单位成本可以项目成本核算结果为准。有条件的医院可选择临床路径规范、治疗效果明确的 DIP 病种开展病种标准成本核算。

采用成本收入比法核算 DIP 病种的标准成本的计算公式为：

某病种标准成本 = ∑ 该病种某服务单元标准收入 × 该服务单元成本收入比

该病种某服务单元标准收入 = ∑（临床路径下该病种各医疗服务项目工作量 × 该医疗服务项目价格）

（三）建立 DIP 病种成本核算信息系统

根据成本核算要求，医院应逐步完善成本核算管理系统，按照规范的路径准确采集工作量数据和成本相关信息。成本核算管理系统的病种成本模块能够支持 DIP 病种成本核算。同时，采用不同方法核算病种成本时，所需要的模块架构有所不同。例如，采用基于项目叠加法核算 DIP 病种成本需要增加项目成本核算部分。病种成本模块至少需要涵盖 3 个部分。

1. 基础设置

包括各类字典设置、核算方案的参数设置、数据接口设置、与 DIP 病种核算相关的各个系统之间实现互联互通。成本核算管理系统必须满足内部信息系统和上级部门建立数据接口的需要,实现 DIP 病种成本数据自动采集、自动计算。

2.**核算方案** 支持采用自上而下法、自下而上法和成本收入比法其中的一种或几种方法进行 DIP 病种成本核算,以及支持基于临床路径的病种标准成本核算。

3.**报表产出** 支持按照政府规范要求或者医院实际管理需要,产出不同的 DIP 病种成本核算报表,进行成本分析,满足医院与科室 DIP 病种成本核算、控制与绩效考核的需要。

三、具体实施

(一)定期核算,产出 DIP 病种成本分析报表

为保证成本信息质量,开展成本核算的医院应当按照要求定期形成成本报表和成本核算报告,并对成本核算结果和成本控制情况作出详细说明。鉴于 DIP 病种成本核算的较为复杂、工作量较大,医院可以延长核算周期,按照季度编制 DIP 病种成本报表。成本报表数据应当真实、准确。医院应当至少每年产出年度成本核算报告。

成本报表按照使用者不同可分为对内报表和对外报表。DIP 病种成本报表属于对内报表,主要为满足内部管理需要而编制。医院可以根据实际需求产出包括医院 DIP 病种成本明细表、医院 DIP 病种成本构成明细表、医院服务单元 DIP 病种成本构成明细表等 DIP 病种成本报表,详见表 8-4。

表 8-4　DIP 病种成本报表

编号	报表名称
DIP01 表	医院 DIP 病种成本明细表
DIP02 表	医院 DIP 病种成本构成明细表
DIP03 表	医院服务单元 DIP 病种成本构成明细表
DIP04 表	医院 DIP 病种成本趋势变动表
DIP05 表	科室 DIP 病种成本对比分析表

医院可以结合医疗保险支付、内部经济运行等相关信息,开展 DIP 病种成本核算结果分析,重点分析 DIP 病种成本构成、成本变动的影响因素,制订成本控制措施,提出改进建议。开展成本分析主要方法包括:

1.按照分析目的和要求不同,可分为全面分析、局部分析、专题分析等。

2.按照指标比较方法不同,可分为比较分析法、结构分析法、趋势分析法、因

素分析法等。

3.本量利分析：医院通过对保本点的研究分析，确定医疗服务正常开展所达到的保本点业务量和保本收入总额，反映出业务量与成本之间的变动关系。

（二）持续优化 DIP 病种成本核算模型

完成 DIP 病种成本核算后，可以根据核算结果对模型进行持续优化，同时也可以根据医院内外部情况的变化，按下列 3 种方法随时调整核算模型。

1.优化病种成本核算方法 在采用其中一种方法完成核算后，可以尝试采用其他方法再次核算 DIP 病种成本。通过比较不同核算方法下的病种成本结果，对已有方法进行修正，或选择更为科学合理的方法进行核算。

2.及时更新 DIP 分组信息 根据医保行政管理部门发布的最新 DIP 病种分值库及分组规则，及时更新 DIP 分组结果和权重。

3.及时修订各类基础字典及核算参数 如医院组织架构调整后，修订科室字典；耗材变为打包收费后，修订耗材的收费与不收费属性字典；中草药、自产制剂加成率变化后，修订药品成本计算方法；新建院区后，启用多院区核算模型等。

（三）DIP 病种成本控制与结果运用

通过分析核算结果，可以采取综合管控措施，来降低 DIP 病种成本，提升单位内部管理水平和运营效率。具体措施包括以下 5 个方面。

1.强化绩效考核 为有效控制成本，医院应建立成本控制考核制度，将 DIP 病种成本控制效果纳入科室绩效考核体系，评价成本控制效益，建立相应的绩效激励体系，做到奖惩分明，促使各科室能够自觉控制可控成本，防止资源浪费。医院亟须建立全新的绩效管理体制，打破简单的绩效分配机制，将多种绩效管理工具组合实施，充分发挥组合激励作用，起到规范诊疗行为的作用，保障医院可持续发展。

可综合运用 RBRVs[①]、KPI[②] 等绩效管理工具，构建基于 RBRVs+DIP 盈亏控制 + KPI + 成本管控的全面绩效管理体系，实现医、护、技、药、勤五大职系垂直管理；加强关键指标考核，落实管理责任；重点关注病种成本管控、医保管理指标、次均费用等综合指标体系；搭建全面绩效管理信息系统，实现基础数据自动对

[①] 以资源为基础的相对价值比率（resource-based relative value scale，RBRVs）是以资源消耗为基础，以相对价值为尺度，来支付医师劳务费用的方法，主要是根据医生在提供医疗服务过程中所消耗的资源成本来客观地测定其费用。

[②] 关键绩效指标（key performance indicator，KPI）是通过对组织内部流程的输入端、输出端的关键参数进行设置、取样、计算、分析，衡量流程绩效的一种目标式量化管理指标，是把企业的战略目标分解为可操作的工作目标的工具，是企业绩效管理的基础。

接,绩效管理过程自动化,提高科学水准和管理效率。从而将精细化运营管理的各种理念和工具进行高度融合和系统架构,形成正面导向,全面提升运营效率。

2. 加强预算约束 医院应以成本数据为依据,以科室预算为基础,实施全面预算管理,做好运营成本分析与预测,将全部成本纳入管理范围,对各项经济活动进行统筹安排和全面控制。作为成本控制的重要措施,预算控制对医院成本管控发挥基础性作用。而预算控制作用的充分发挥,必须确保全面预算管理的全面性、全员性、全线上以及战略导向,通过控制药品、耗材等物耗成本,以及辅助性管理成本,才能不断优化成本结构,成本管控结余。其中,全面性要求对医院所有收支项目全面纳入预算管理,全员性要求全院所有科室全员参与,全线上需要利用信息化手段实现全面预算编制、执行、调整、分析、考核全流程管控,战略导向则体现在预算管理上全流程紧扣医院整体战略方向。综合运用、切实贯彻全面预算管理,才能真正发挥预算管理对成本控制的作用。

3. 落实成本定额管理 医院应深入分析诊疗规范和诊疗项目成本,并结合行业平均水平对病种成本进行标准化测算,实施定额管理。成本定额管理应当与医院成本开支预算紧密结合,共同贯彻。定额管理主要是针对变动成本的管控,尤其是对卫生材料、药品等物耗性成本以及公务性成本的管控。医院可根据成本管理的有效性和实际情况,综合采用经验统计法、统计分析法、技术分析法等方法制订成本定额标准。

根据管控维度,成本定额管理的应用类别可分为绝对数值管控和相对比率管控。绝对数值管控包括单位病种成本(单位病种材料成本、单位病种药品成本、单位病种人事成本等)、单位床日成本、单位诊次成本等。绝对数值管控标准简单明了、易操作,但其确定难度较大,且灵活性较差。相对比率管控包括可控成本费率、高值耗材费率、人事成本费率、一般成本费率、手术成本费率等。与绝对数值管控相比,相对比率管控具备较高的灵活性,适用性广,且定额标准确定难度较小,因此可广泛应用。

无论采取何种管控维度,医院都应注重对实际数值与标准值之间的定期监测和差异分析。通过持续监测分析偏差,医院可运用 PDCA 循环管理理念,评估定额标准的科学性、合理性,并对偏差率异常高的定额指标适时调整,持续改进管控方法。

4. 规范临床路径 加强临床路径管理,通过核算临床路径下的 DIP 病种标准成本,比较实际成本与标准成本的差异,分析产生差异的原因并予以纠正。临床路径管理的具体措施可参见第五章内容。

5.提升运营管理,优化资源配置　医院运营管理是以全面预算管理和业务流程管理为核心,以全成本管理和绩效管理为工具,对医院内部运营各环节的设计、计划、组织、实施、控制和评价等管理活动的总称,是对医院人、财、物、技术等核心资源进行科学配置、精细管理和有效使用的一系列管理手段和方法。

在 DIP 支付的背景下,医院应高度重视运营管理,从组织架构、管理范畴、保障机制等全方位构建运营管理体制,综合运用前述成本控制措施,全面整合现有资源,优化配置,突出学科建设规划重点,实现运营管理和资源配置效率的整体提升。

此外,DIP 病种成本还可以进一步运用于完善医保支付制度。医院可以将 DIP 病种成本核算结果反馈给医保管理部门,动态调整不合理的 DIP 分值,支撑医保管理部门逐步建立以病种成本为基础、体现医务人员劳务价值的 DIP 病种付费标准。

第五节　院内价格监管案例

在 DIP 按病种分值付费下,医院要实行科学化、规范化、精细化管理,进一步加强运营管理和成本控制,调动内部资源配置,健全内部价格管理体系,规范医疗服务价格行为,确保医、患、保三方的合法利益。医院价格管理部门全面落实相关政策和文件要求,主要通过下列 5 个方面加强医疗服务价格行为和收费的管理。

一、健全医疗服务价格管理体系

根据相关文件精神,结合医疗服务价格管理特点,该医院及时修订《价格管理实施细则(2021 年版)》,对医疗服务价格管理实行分级管理制,设立价格管理委员会,由医院领导任组长,成员包括财资处、医务处、医疗保险管理中心、护理部、医工部及医技等部门负责人,负责全院价格管理工作的领导、组织和决策。进一步完善部门职能和岗位职责,形成多部门联动管理机制,充实价格管理力量。明确各科室工作规范及工作流程;明确价格监督检查的具体内容。对医疗服务收费及价格行为监督管理存在的问题提出整改意见、给予风险提示,跟踪科室改进情况,其中重大问题在医院价格管理委员会及医院例会通报,监督检查结果与各科室质控、绩效挂钩。引导各科室准确执行价格政策,推进价格管理工作更加高效合规进行。

二、准确执行政策，规范收费行为

动态关注新政策，解读政策，按政策和相关要求及时修订和完善不适用内容。2021 年 8 月 15 日，广东省医疗保障局公布《广东省基本医疗服务价格项目目录（2021 年版）》和《广东省市场调节价医疗服务价格项目目录（2021 年版）》政策，价格管理部门吃透政策文件，做好前期准备，准时完成全院 HIS 医疗服务价格项目编码和目录的切换工作。涉及政策的变化及新规定进行全方位比对分析，制订收费指引，开展收费政策宣讲及培训，并将新版目录装订成册下发至各科室。为促进良好且高效的沟通，价格管理部门建立物价微信沟通群，随时随地答疑，指导病区正确执行价格政策，规范收费行为。

三、常态化监管，并与绩效挂钩

医院内部形成价格监管常态化管理，建立价格收费行为考核及质控评价机制，促进价格行为规范化。价格监管工作主要是通过日常监督、定期抽查、专项检查、多部门协同联动检查以及自查自纠等方式施行。

在日常监督方面，由专职价格管理员负责日常核查住院病人异常收费情况，对存疑收费与相关科室沟通确认，确实存在错误立即给予纠正。

在定期检查方面，按季度抽查出院病人病历，质控考核的结果发放至科室，并要求科室在限期内进行自查及反馈，对收费问题进行整改。季度质控的结果与科室绩效挂钩，涉及需要探讨的收费问题将会在价格委员会或医院例会上通报，不断地规范临床科室的收费及价格行为。

在自查自纠方面，联合医疗保险管理中心、医务、医工、护理等多部门定期开展院内医疗收费行为、医疗行为、药械管理行为自查自纠；及时分析医保中心审核反馈的问题，对属实的收费问题，及时纠正、整改，并持续跟踪整改结果。检查结果纳入各科室质控考核，作为科室绩效考核指标之一，促进价格行为规范化。

四、人工和智能监控双管齐下

为提高工作效率，减少收费差错，结合实际工作特点，价格管理部门向信息主管部门提出系统改造需求，进一步完善信息系统功能建设。价格管理部门在熟读价格政策的基础上联合信息部门共同开发智能审核系统，在审核系统上融合价格政策，设定收费规则，设置系统限制、筛查、提醒及纠错等功能，做到"每单必审"，覆盖医疗服务全过程。审核系统能实时向使用者反馈相关信息，事中监测，及时发现错误，及时纠正和处理。当人工核查与智能审核系统双管齐下，不仅提高工作效率，还能减少可控手工差错问题，进一步规范医疗收费行为，避免违规。

五、总体成效

现行医疗服务项目、项目内涵及项目说明多，政策执行存在较大困难，容易出现执行偏差。价格管理部门除了开展价格政策培训，进行专科指导外，还利用了信息化、智能化手段，严控把关院内收费行为，通过有效监控收费数据，对院内收费行为作全面掌控和质控分析，发现问题及时与临床科室沟通，把差错问题拦截在病人出院前，规范医疗服务收费行为。

医院每年开展自查自纠活动，通过加强管理，逐步规范临床医技科室的医疗服务收费及价格行为。日常监督发现的收费问题及时纠正，定期汇总，分析错收原因。针对收费问题，价格管理部门及时与科室沟通，指导科室正确执行收费政策，持续跟踪科室的整改情况，落实整改成效。经过一系列的管理措施和办法，部分差错明显减少，价格监管取得一定的成效。

案例 1：利用信息系统拦截超出住院总天数的项目　凡超出住院总天数的项目，如级别护理，系统弹出警告窗口，病人出院当天病区对警告问题未处理的，不准其办理出院。诸如此类，通过这种方式进行拦截，避免多收费的差错发生（图 8-3）。

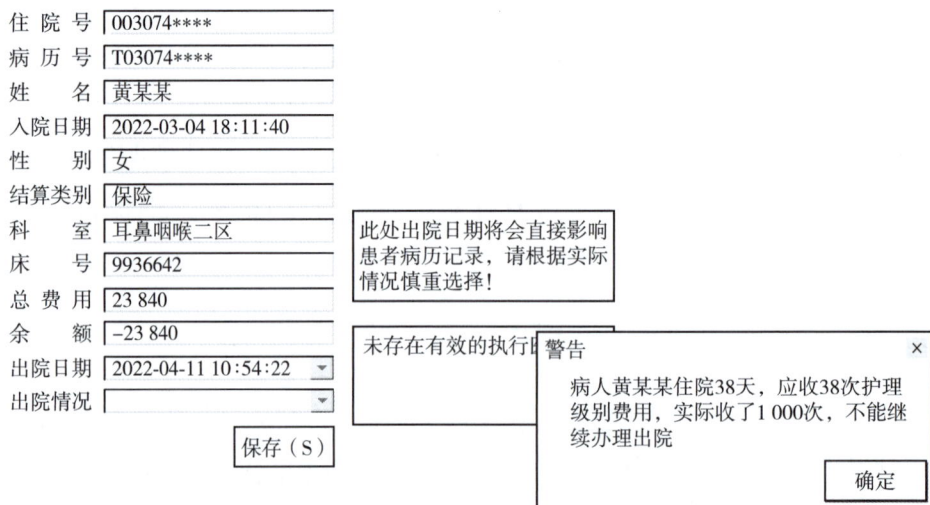

图 8-3　超出住院总天数的项目警告窗口

案例2：日常监督中发现涉及20个科室多收"跌倒/坠床风险评估" 这个项目的说明：一个住院周期收费不超过二次。多收的原因是在实际操作中，因病人病情需要，转科前后或者术前术后容易发生重复收费。为解决这个问题，价格管理部门制订多次收费指引，开展多次培训，经过一系列的措施后，差错率大幅度下降，价格监管工作取得了一定的成效（图8-4）。

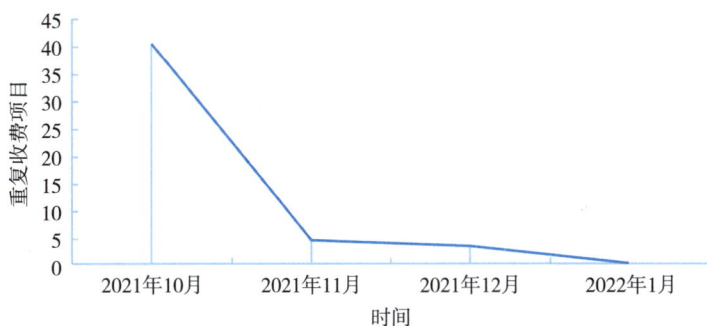

图8-4 "跌倒与坠床风险评估"专项检查错收数量统计

据以上案例分析可见，差错是可控的，违规收费行为也是可以得到有效的监控和避免的。医院实现医疗服务收费行为科学化、规范化、精细化管理，医院价格委员会发挥统筹协调作用，各相关职能部门共同监管，促进医疗服务行为的规范化，进一步推进医疗保险基金的安全和合理使用。

第六节　DIP 病种成本核算案例

本案例采用作业成本法核算医疗服务项目，然后通过项目叠加法计算病种成本，具体步骤如下。

1. 完成全院所有医疗服务项目成本核算工作，作为计算病种成本的基础。

2. 按照 DIP 的分类标准，对病例进行分类，归集到各 DIP 病种组。

3. 剔除费用偏差病例：对于住院费用偏离均值较大的病例（在 0.5～2 倍均值区间范围之外的），将其剔除。

4. 核算单个病例成本：针对纳入临床路径管理的病种，将医疗服务项目成本、药品成本、单独收费的卫生材料成本对应到每个病例后，形成单个病例病种成本。

单个病例病种成本＝∑（该病例核算期间内某医疗服务项目工作量 × 该医疗服务项目单位成本）＋∑药品成本 ＋∑单独收费的卫生材料成本

5. 核算病种成本：将同病种病例归为一组，然后将组内每个病例的成本加权形成病种总成本，采用平均数等方法计算病种平均成本。

病种平均成本 = $\sum$ 某病种单个病例成本／该病种出院病例总数

一、核算病种成本

（一）核算单个病例成本

以 DIP 病种"横结肠良性肿瘤：结肠病损切除术，经肠镜"（DIP 编码：D12.3：45.4301）为例，某病人住院期间的医疗服务项目、药品和单独收费的卫生材料费用清单如表 8-5 所示。通过链接病人出院费用清单和项目成本核算结果，可以计算出单个病例的病种成本。该病人医疗服务项目"一级护理"工作量为 2，项目价格为 33.33 元，项目成本为 186.58 元；医疗服务项目"静脉留置针护理（含换药、封管）"工作量为 1，项目价格为 13 元，项目成本为 81.58 元……依次累加所有医疗服务项目，费用为 8 973.98 元，成本为 9 526.49 元。然后，加上药品和单独收费的卫生材料费用，最终计算出该病例的成本为 10 461.20 元。

表 8-5　某"横结肠良性肿瘤：结肠病损切除术，经肠镜"病人费用和成本明细

类别	细则	数量	项目单价／元	项目成本／元	医疗费用／元	医疗成本／元
医疗服务项目	一级护理	2	33.33	186.58	66.66	373.17
	静脉留置针护理（含换药、封管）	1	13.00	81.58	13.00	81.58
	静脉抽血	2	3.26	24.50	6.52	49.00
	静脉输液（其他药物集中配置）	1	4.29	12.82	4.29	12.82
	血清甘油三酯测定（化学或酶法）	1	4.60	3.43	4.60	3.43
	粪便隐血试验（免疫法）	1	15.64	10.48	15.64	10.48
	肝、胆、胰、脾彩超检查	1	120.00	50.37	120.00	50.37
	经肠镜特殊治疗	1	582.06	679.43	582.06	679.43
	其他				8 161.21	8 266.21
	合计				8 973.98	9 526.49

类别	细则	数量	项目单价 / 元	项目成本 / 元	医疗费用 / 元	医疗成本 / 元
药品	阿托品注射液	1	6.80	6.80	6.80	6.80
	双歧三联活菌胶囊	42	0.84	0.84	35.28	35.28
	其他				634.76	634.76
	合计				676.84	676.84
卫生材料（单独收费）	一次性无菌注射器	2	0.68	0.68	1.36	1.36
	一次性使用真空采血管	2	0.24	0.24	0.48	0.48
	安全型留置针	1	38.00	38.00	38.00	38.00
	其他				218.03	218.03
	合计				257.87	257.87
总计					9 908.69	10 461.20

注：①药品和卫生材料按采购价计入成本，药品和卫生材料的管理、服务成本计入管理成本分摊到医疗服务项目；也可以将药品和卫生材料的管理、服务成本计入管理成本按一定的参数分摊到药品和卫生材料成本中。

②其他项为省略展示的明细项。

（二）核算病种成本

"横结肠良性肿瘤：结肠病损切除术，经肠镜"病种全院共有出院病例 221 例，剔除费用偏差病例 9 例，对纳入病例进行加权，计算其平均成本，即该 DIP 组别的病种成本。最终计算得到 DIP 病种"横结肠良性肿瘤：结肠病损切除术，经肠镜"的次均住院费用为 9 786 元，病种成本为 10 525 元（表 8-6）。

表 8-6　"横结肠良性肿瘤：结肠病损切除术，经肠镜"成本

病人序号	住院费用 / 元	病种成本 / 元
病人 1	9 909	10 461
病人 2	17 095	15 084
病人 3	8 678	9 597
病人 4	13 960	16 634

续表

病人序号	住院费用 / 元	病种成本 / 元
……	……	……
病人 212	12 614	10 715
平均值	9 786	10 525

二、科室病种成本分析

核算完病种成本后,医院根据实际管理要求产出各类病种成本报表,并进一步分析病种结余情况。以某科室为例,该科前 10 位 DIP 病种占科室总病例数的 36.74%。从医保支付标准与次均住院费用比较来看,1 个病种亏损,9 个病种有医保结余(表 8-7,结余 1)。从医保支付标准与病种直接成本比较来看,5 个病种亏损,5 个病种结余(表 8-7,结余 2)。按病种分值付费下,科室需要通过加强医保管理(如合理填写诊断和手术 / 操作编码),同时加强成本管理(如控制药品、耗材成本),降低病种成本。

表 8-7　某科空前 10 位 DIP 病种成本分析

DIP 代码	DIP 名称	例数	占比 /%	次均费用/元	DIP加权分值	DIP支付标准/元	病种成本/元	结余1/元	结余2/元
K50.9:n(y)	克罗恩病:保守治疗(含简单操作)	705	10.04	6 822	649	8 963	7 179	2 140	1 783
Z51.1:99.2501	为肿瘤化学治疗疗程:保守治疗(含注射或输注抗肿瘤药物)	383	5.46	13 792	982	13 553	13 966	−239	−413
D	综合病种 D	326	4.64	17 410	1 562	21 553	18 215	4 143	3 338
K	综合病种 K	300	4.27	18 559	1 345	18 564	20 771	5	−2 207
D12.3:45.4301	横结肠良性肿瘤:结肠病损切除术,经肠镜	212	3.02	9 786	772	10 650	10 525	864	125

DIP 代码	DIP 名称	例数	占比 /%	次均费用/元	DIP加权分值	DIP支付标准/元	病种成本/元	结余1/元	结余2/元
K50.0:n(y)	小肠克罗恩病：保守治疗（含简单操作）	165	2.35	8 067	732	10 106	8 364	2 040	1 742
D12.5;45.4301	乙状结肠良性肿瘤：结肠病损切除术，经肠镜	161	2.29	8 990	666	9 189	9 573	199	−383
K63.5;45.4201	结肠息肉：大肠息肉切除术，经肠镜	116	1.65	7 429	551	7 609	7 931	181	−321
C	综合病种 C	101	1.44	30 857	2 342	32 325	32 746	1 468	−422

注：①结余 1 为"医保支付标准—次均费用"，结余 2 为"医保支付标准—直接成本"。②上述综合病种，在 ICD-10 疾病诊断编码中，"C00-D48"为肿瘤，"K00-K93"为消化系统疾病。

医院通过结合医疗保险支付、内部经济运行等相关信息，开展 DIP 病种成本核算结果分析。根据分析结果，采取综合管控措施，降低 DIP 病种成本，提升医院内部管理水平和运营效率。同时，将 DIP 病种成本核算结果反馈给医保管理部门，动态调整不合理的 DIP 分值，支撑医保管理部门逐步建立以病种成本为基础、体现医务人员劳务价值的 DIP 病种付费标准。

第九章

药学管理实施细则

2017年开始实施的新医改,其核心之一是全面取消药品加成,药学部门从利润中心变为成本中心。随着互联网医院及第三方物流配送的发展,门诊调剂、药品供应工作将逐步萎缩。这意味着医院药学工作模式要从原有的药品保障型和劳动密集型向药学服务型和知识密集型转变,合理用药成为新药学服务模式的核心。

在新药学服务模式下,医院药学承担着专业技术服务和合理用药管理的重要职能。专业技术服务上应深入临床,配合医生合理用药,体现药师的参与,降低医疗费用、提高治疗效果;同时药师也应发挥合理用药管理的职能,通过参与制度、政策、临床路径和用药监管等措施,提升全院合理用药的水平。

新医改下医疗付费模式也在不断改革,DIP将统筹地区医保总额预算与点数法相结合,提供了将成本、质量、效率有效整合为一体的政策框架。这就要求医疗机构为取得更好效益,既要提升服务能力,还要尽可能节约成本,降低病人医疗费用,促进合理检查、合理用药、合理治疗。

在临床实际工作中,多种原因造成临床治疗中的不合理用药,不但影响医疗质量,也造成药物治疗费用过高,增加国家和病人经济负担。在控制医保费用方面,包括中国在内的世界各国药学工作者都在不断努力,并取得了良好的成效。正值医院药学转型的关键时刻,药学人员应积极行动起来,借鉴国外经验,借助医保支付方式改革的东风,肩负起落实医保政策、促进合理用药、实现医保控费的职责。

第一节　建设 DIP 下的药学管理体系

一、基本要求

医院药学管理所涉及的内容多、范围广,不仅涉及医院内部、医院与供货商之间的协调,还涉及药师对病人提供的药学服务等。DIP 支付下的医院药学管理需在医院药学管理内容和目标的基础上,做好全面的药学管理质量规划,促使医院的医疗服务质量得到有力的改善和提升。DIP 支付下的医院药学管理,除了确保药品安全、有效地用于临床,也应考虑用药的经济性与合理性。

二、准备工作

(一)建立合理用药管理组织

该组织应当由医务、药学、临床科室、质控、医保等部门人员组成,共同管理临床药物合理使用,其核心职责是制订各项适合 DIP 支付要求的合理用药规则,监督贯彻落实规则,监测 DIP 模式下用药情况,审议 DIP 模式下用药异常行为,规范临床用药。

药学组成员应包含临床药师、审方药师、信息药师。临床药师职责为参与药物治疗方案设计与实施、临床路径的制订,配合医生优化用药方案。审方药师根据临床用药原则和医保规定,对医生开具的处方进行审核、拦截,协助 DIP 控费。信息药师负责合理用药信息系统的日常维护及数据分析,实时监控 DIP 病种用药异常情况,为优化药品目录及临床决策提供数据支持。医疗机构可根据机构性质、任务、规模配备药学组成员,大型综合医院可一岗多人,基层医疗机构可一人多岗。

(二)建立药学管理制度

为实现 DIP 支付下医院药品供应、药品调剂、药品配置、药学服务等各项工作有章可依、有据可评,医院药学管理应参照国家卫生健康委员会的规定,结合本院实际情况,制订各项符合 DIP 政策的药学管理制度。对制度定期更新,及时调整与完善不适用内容。

(三)药学参与医疗运行体系

为更好进行 DIP 支付下医院药学管理,临床药师应参与临床医疗运行体系,提供药学专业技术支持。ERAS、TDM[①]、药物管理临床路径、重点监控药物路径管理等均可作为药学参与医疗运行体系的切入点。

（四）进行药学相关 DIP 支付政策培训

对药学人员进行 DIP 支付下药品相关付费标准、扣费要求等的培训，为更好地制订 DIP 支付下药学管理制度、流程等提供参考。

三、具体实施

（一）药学管理工作制度

在 DIP 支付情境下，医院药学管理目的是保障病人用药安全、优化病人治疗效果和节约治疗费用。制定科学、完善的制度是使用 DIP 支付情境下医院药学管理的基础。根据现有的医院药学管理规章制度，结合 DIP 付费要求，制订围绕和符合 DIP 要求的医院药学管理的规章制度，包括：药品采购供应管理方面重点应明确药品采购工作流程，DIP 模式下库存管理的原则，新药引进及药品再评价和调整的原则和工作流程（详见本章第二节）等。

院内处方行为监管方面重点应明确处方点评的原则和工作流程，包括 DIP 模式下的抗菌药物、抗肿瘤药物、激素、重点监控药品的应用原则、监管措施等。临床药学工作方面应明确临床药师的工作职责，制订使用 DIP 支付情境下的临床药学工作相关的标准作业程序，包括用药教育、用药咨询、医嘱审核、药学查房、药品不良反应上报等，规范临床药学工作。

（二）药学管理信息化建设

医院应在现有合理用药信息系统的基础上建立符合 DIP 支付要求的药师工作站，工作站应包括合理用药管理系统、医院药物利用分析系统、药物警戒系统等。设定临床合理用药指标，通过系统实现对不合理用药事前预警、事中控制和事后分析，通过大数据发现异常行为，并具有实时提醒、事前报警、事后反馈功能，规范临床用药行为。

（三）合理用药评价体系

医院需要建立符合 DIP 政策的合理用药管理评价体系，设定可量化的评价指标，包括结构指标、过程指标、结果指标三个方面，通过科学、合理的量化指

---

① 治疗药物监测（therapeutic drug monitoring，简称 TDM）是指在临床进行药物治疗过程中，观察药物疗效的同时，定时采集病人的血液（有时采集尿液、唾液等液体），测定其中的药物浓度，探讨药物的体内过程，以便根据病人的具体情况，以药动学和药效学基础理论为指导，借助先进的分析技术与电子计算机手段，利用药代动力学原理和公式，使给药方案个体化。

标评价体系,客观、公正地评价医院药学部门的管理和药学技术服务状况,指导药学部门提高药学技术服务质量、服务意识和服务能力,促进医院药学的持续发展。

第二节　合理优化药品供应目录

一、基本要求

DIP 药品供应目录的制订与动态调整是医院药事管理的重要内容之一,也是助推 DIP 支付政策落地实施,降低药品费用和规范临床药品使用的重要环节之一。因此,医疗机构应以临床需求为导向,并依据药品安全、有效、经济、适宜等用药原则,及时合理优化药品供应目录,促进临床合理用药。

DIP 药品供应目录的遴选应保证质量、控制成本、规范诊疗。所以,建议各医疗机构根据本院的疾病谱和用药特点,以诊疗规范、临床诊疗指南为依据,在大数据中发掘"疾病诊断 + 治疗方式"的共性特征,遴选适当数量的药物品种,满足临床的用药需求。医院 DIP 药品目录可优先选择国家推荐的药品(如国家医疗保险目录药品、国家谈判品种药品、国家集中采购的药品、国家基本药物),此外还应基于综合评价结果进行优化。

二、准备工作

(一)优化药品供应目录的组织架构

医院药事管理与药物治疗学委员会建立基于药品综合评价的药品供应目录动态调整机制,建立合理优化药品供应目录的专项评估小组对药品目录进行定期(如每季度)评估。组织成员应包括临床各专业组(如抗肿瘤治疗、抗感染治疗、儿科疾病治疗等)的医疗专家、临床药师和医院感染管理、医疗行政管理等人员。

(二)培养 DIP 药品综合评价的专业人才

由于在 DIP 药品目录遴选工作中需要对药品进行综合评价,因此,医疗机构需培养 DIP 药品综合评价的专职药师、专业人才,为医院优化 DIP 药品供应目录提供技术支持。建议将 DIP 药品综合评价纳入临床药师的服务项目,提升药师在临床的作用和地位。

(三)药品综合评价及目录动态调整机制

药品综合评价包括药品的安全性、有效性、经济性等评价,是 DIP 药品目录调整的重要参考。医院应该从制度层面上确定药品综合评价在 DIP 药品目录遴选中的作用,并结合自身实际,按本章提及的方法学,建立 DIP 药品综合评价工作制度,涵盖具体工作流程和评价标准。

DIP 药品供应目录的动态调整,目的不仅仅是让临床根据最新的指南优化治疗方案,也是为了让更多救命救急、质优价廉的好药进入医院,以缓解病人用药难、用药贵等压力。建议各医疗机构建立 DIP 药品供应目录的动态调整机制,制订相关的药品目录准入制度及退出制度,确定药品目录动态调整的流程制度。

药学部(药剂科)作为医院药事管理与药物治疗学委员会的执行部门和药品综合评价的重要技术部门,运用药品全面综合评价或药品快速综合评价(药品快速卫生技术评估)方法为药品评估工作提供客观评价报告。专项评估小组在客观评价报告基础上进行讨论,形成推荐意见,呈交医院药事管理与药物治疗学委员会。医院药事管理与药物治疗学委员会基于专项评估小组推荐意见,按医院药品引进及淘汰流程进行医院的 DIP 药品供应目录遴选和动态调整。

三、具体实施

(一)基于 DIP 的药品全面综合评价与遴选

基于 DIP 的药品综合评价与遴选方法,可参考国家药物和卫生技术综合评估中心的《药品临床综合评价管理指南》(表 9-1)。药品临床综合评价应利用药品上市准入、大规模多中心临床试验结果、不良反应监测、医疗卫生机构药品使用监测、药品临床实践"真实世界"数据以及国内外文献等资料,围绕药品的安全性、有效性、经济性、创新性、适宜性、可及性等进行定性、定量数据的整合分析,从而提升药品供应保障能力,促进临床合理使用。药品综合评价对于 DIP 药品准入和目录遴选具有重要的参考价值和指导意义。

表 9-1　药品临床综合评价表

评价列项	具体指标	文献证据分值	大数据分析评分	前瞻性研究评分	总分
有效性	核心指标包括生存率、疾病进展以及用于计算质量调整生命年的健康相关生存质量指标等				
	有效性推荐(如指南推荐等级)				

续表

评价列项	具体指标	文献证据分值	大数据分析评分	前瞻性研究评分	总分
安全性	(1)上市前药品安全性(如说明书的不良反应、禁忌证、注意事项、相互作用等)及相对安全性(与同类产品比较)信息 (2)上市后药品安全性(不良事件及不良反应,各国药监部门发布的警告、撤市及说明书修改信息,厂家产品召回相关信息等)及相对安全性(与同类产品比较)信息 (3)药品质量,药品稳定性,包括生物等效性等一致性评价结果				
经济性	基于模型的经济学评价(如成本-效果分析、成本-效用分析、成本-效益分析、最小成本分析),或经济学系统评价				
	医保收录情况				
创新性	药品创新性(鼓励国产原研创新): (1)在治疗方案、适应证和治疗效果方面存在技术创新 (2)在疾病或治疗方面有更高的安全性、有效性和实用性 (3)对重大或紧急疫情具有突出贡献等				
	研究证据创新性(是否 RCT 研究、真实世界研究?)				
适宜性	药品使用适宜性主要包括病人服药时间间隔是否恰当,用药疗程长短是否符合病人、疾病和药品药理特点,临床使用是否符合用药指南规范				
	研判药品进入市场后对公共医保资金的影响,对当前医疗服务管理体系的适宜性,例如是否存在使用、采购、配送和报销方面的管理门槛和壁垒等				
可及性	主要包括药品价格水平、可获得性(由医疗机构药品配备使用情况或有无短缺情况等反映)和可负担性 3 个方面				

DIP 药品综合评价与遴选应关注 3 点。

1. 目录遴选应关注客观综合评价证据 一个药品是否进入 DIP 药品目录,应综合考虑它是否安全、经济、有效等多方面特性。药品的综合评估与遴选应该是基于客观药品综合评价基础上的专家集体共识的决策过程。

2. 目录不仅要重视药品引进，更要重视科学动态调整 部分医疗机构存在新药引进完成，药品遴选工作也就终止，除非积压淘汰，目录处于"只进不出"状态。这种状态下，不好用的不淘汰，因品规限制，好的药品就进不来。因此建议医疗机构建立 DIP 药品目录的动态调整机制。

3. 目录也应关注罕见病、急症、危重症对药物的特殊治疗需求 医院比较关注常见病的治疗药物，通常创新性药物，或具有较好性价比的药品容易进入医院药品目录。但对罕见病、急症、危重症治疗药物的可及性、创新性关注不足，导致临床罕见病及急危重症治疗药物覆盖不足。

（二）基于 DIP 的药品快速综合评价

基于 DIP 的药品评价与遴选方法可以科学优化医疗机构的药品品种结构，使病人享受到安全、有效、经济、适宜的药物治疗。

1. 基于 DIP 的药品评价与遴选的快速评估 基于 DIP 的药品评价与遴选的快速评估可参考《中国医疗机构药品评价与遴选快速指南》。因药品评价维度较多，各医疗机构可在评价过程中根据实际需求对评价细则及权重做出适当调整。该量化评分采用百分制，评分细则见表 9-2。

表 9-2　医疗机构药品评价与遴选量化记录表

指标体系（权重系数）		细则权重和评价标准
药学特性（20）	适应证（3）	□ 3 临床必需，首选
		□ 2 临床需要，次选
		□ 1 可选药品较多
	药理作用（3）	□ 3 临床疗效确切，作用机制明确
		□ 2 临床疗效确切，作用机制尚不十分明确
		□ 1 临床疗效一般，作用机制不明确
	体内过程（3）	□ 3 体内过程明确，药代动力学参数完整
		□ 2 体内过程基本明确，药代动力学参数不完整
		□ 1 体内过程尚不明确，无药代动力学相关研究
	药剂学和使用方法（6）（可多选）	□ 1 主要成分及辅料明确
		□ 2 剂型适宜
		□ 1 给药剂量便于掌握
		□ 1 给药频次适宜
		□ 1 使用方便

续表

指标体系（权重系数）		细则权重和评价标准
药学特性（20）	一致性评价（5）	☐ 5 原研药品/参比药品
		☐ 3 通过一致性评价仿制药品
		☐ 1 非原研或未通过一致性评价药品
有效性（20）		☐ 20 诊疗规范推荐（国家卫生行政部门）
		☐ 18 指南Ⅰ级推荐（A级证据18，B级证据17，C级证据16，其他15）
		☐ 14 指南Ⅱ级及以下推荐（A级证据14，B级证据13，C级证据12，其他11）
		☐ 10 专家共识推荐
		☐ 6 以上均无推荐
安全性（20）	不良反应分级或CTCAE分级（7）	☐ 7 症状轻微，无需治疗或CTC1级
		☐ 6 症状较轻，需要干预或CTC2级
		☐ 5 症状明显，需要干预或CTC3级
		☐ 4 症状严重，危及生命或CTC4-5级，发生率<0.1%
		☐ 3 症状严重，危及生命或CTC4-5级，发生率（0.1%~1%，含0.1%）
		☐ 2 症状严重，危及生命或CTC4-5级，发生率（1%~10%，含1%）
		☐ 1 症状严重，危及生命或CTC4-5级，发生率≥10%
		☐ 7 症状轻微，无需治疗或CTC1级
	特殊人群（可多选）（7）	☐ 2 儿童可用
		☐ 1 老人可用
		☐ 1 孕妇可用
		☐ 1 哺乳期妇女可用
		☐ 1 肝功能异常可用
		☐ 1 肾功能异常可用
	药物相互作用所致不良反应（3）	☐ 3 轻中度：一般无需调整用药剂量
		☐ 2 重度：需要调整剂量
		☐ 1 禁忌：禁止在同一时段使用
	其他（可多选）（3）	☐ 1 不良反应均为可逆性
		☐ 1 无致畸、致癌
		☐ 1 无特别用药警示

指标体系（权重系数）		细则权重和评价标准
经济性（20）	同通用名药品（5）	□ 5 日均治疗费用最低
		□ 4 日均治疗费用低于中位数
		□ 3 日均治疗费用居中
		□ 2 日均治疗费用高于中位数
		□ 1 日均治疗费用最高
	主要适应证可替代药品（15）	□ 15 日均治疗费用最低
		□ 13 日均治疗费用低于中位数
		□ 11 日均治疗费用居中
		□ 9 日均治疗费用高于中位数
		□ 7 日均治疗费用最高
其他属性（20）	国家医保（5）	□ 5 国家医保甲类，且没有支付限制条件
		□ 4 国家医保甲类，有支付限制条件
		□ 3 国家医保乙类/国家谈判药品，且没有支付限制条件
		□ 2 国家医保乙类/国家谈判药品，有支付限制条件
		□ 1 不在国家医保目录
	基本药物（3）	□ 3 在《国家基本药物目录》，没有△要求
		□ 2 在《国家基本药物目录》，有△要求
		□ 1 不在《国家基本药物目录》
	贮藏条件（3）	□ 3 常温贮藏
		□ 2.5 常温贮藏，避光或遮光
		□ 2 阴凉贮藏
		□ 1.5 阴凉贮藏，避光或遮光
		□ 1 冷藏/冷冻贮藏
	药品有效期（3）	□ 3 大于等于 36 个月
		□ 2 大于等于 24 个月小于 36 个月 □ 1 小于 24 个月
		□ 3 大于等于 36 个月
	全球使用情况（3）	□ 3 美国、欧洲、日本均已上市
		□ 2 美国或欧洲或日本上市
		□ 1 美国、欧洲、日本均未上市

续表

指标体系（权重系数）		细则权重和评价标准
其他属性（20）	生产企业状况（3）	□ 3 生产企业为世界销量前 50 制药企业（美国制药经理人）
		□ 2 生产企业在工信部医药工业百强榜
		□ 1 其他企业

注："△"号表示药品应在具备相应处方资质的医师或在专科医生指导下使用，并加强使用监测和评价。

评分结果的指导意义：

（1）用于新品种引进时，有三种推荐建议。70 分以上建议为强推荐；60～70 分，根据临床是否有替代治疗药物，建议为弱推荐或不推荐；60 分以下建议为不推荐。

（2）用于药品调出时，有三种推荐建议。60 分以下，建议为调出；60～70 分，根据临床是否有替代治疗药物，建议为暂时保留或调出；70 分以上，建议为保留。

2. 基于 DIP 的药物快速卫生技术评估 基于 DIP 的药物快速卫生技术评估（rapid Health Technology Assessment，rHTA）可根据需求，针对某一具体问题（如快速评估药物的有效性、安全性和经济性），获取当前最佳证据并快速合成，以满足决策需求。由于该方法简化了系统评价的流程，可在短期时间内为决策者快速提供证据支持，日益被重视并可用于医疗机构 DIP 药品目录的遴选和药品退出，特别新药的遴选和淘汰。rHTA 的具体流程见图 9-1。

（1）首先应根据病人 - 干预措施 - 对照措施 - 结局指标 - 研究类型（PICOS）原则转化、明确待决策的问题，然后确定评估的目的是药物的有效性、安全性和经济性，或者其中一项。

（2）根据关键问题制订计划书。评价计划包括：重要的结局指标，应包括临床症状和表现的缓解指标，如缓解率；反映治疗有效的指标如客观缓解率、有效率；反映生存的生存率、生存时间、疾病进展；以及质量调整生命年和体现不良反应的耐受性等。评价涉及研究的类型，如已发表文献的二次分析、真实世界研究、随机对照研究等。

（3）文献检索及筛选。根据 PICOS 制订检索策略。研究种类建议选择高质量的系统评价 / Meta 分析、临床实践指南、RCT 研究、队列研究和 HTA 报告等。数据库建议选择 PubMed、Embase、Cochrane Library、中国知网、万方数据、HTA 相关官方网站等。

（4）数据提取和方法学质量评价。根据研究目的纳入研究类型，设计数据提取表格,明确各种研究方法学评价工具,如国际卫生技术评估协会(ISTAHC)制定的 HTA checklist 评价快速卫生技术评估报告、AMSTAR 量表评价系统评价 / Meta 分析、AGREEII 评价临床实践指南、Cochrane 随机对照试验偏倚风险量表评价 RCT 研究、Newcastle-Ottawa Scale 评价队列研究和病例对照研究、CHEERS 量表评价经济学研究的质量等。

(5)证据质量的合成及评价。将获得的数据进行汇总评述,定性描述可从研究目的、研究方法、适合人群、主要结局以及研究结论等方面论述,根据实际需求可进行定量的 Meta 分析,形成结论及推荐建议。根据 GRADE 证据分级系统进行证据分级和强度推荐。

(6)最后形成评价结论。评价结论以关键问题为纲领,阐明数据的证据级别及可能的缺陷,最终形成明确的结论以回答关键问题。

(7)结论的推广和评价:由于快速评估强调时效性,证据收集和评价方面可能存在偏倚,因此在结论推广的同时,应积极对其进行随访和效果评价。根据反馈结果,修改报告或者必要时开展完整的评估。

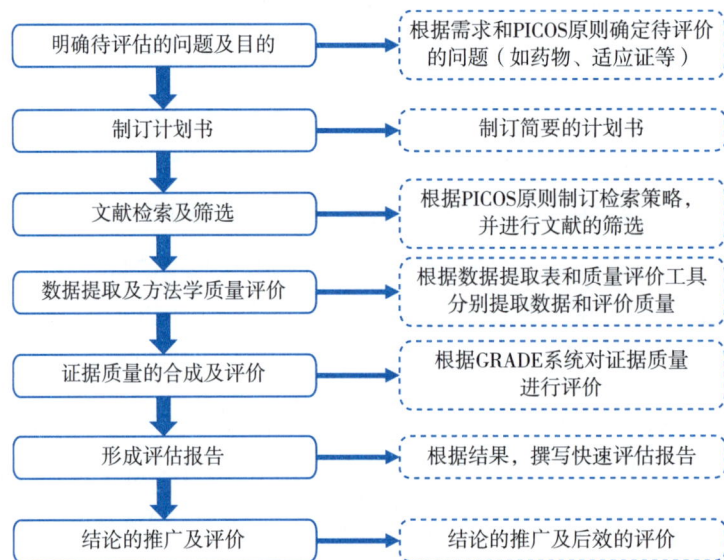

图 9-1　药物快速卫生技术评估流程图

(三)DIP 药品目录的动态调整方案

随着进口抗肿瘤药零关税、"带量采购"等政策实施,医保目录、国家医保谈判药品目录、集中带量采购药品目录都在不断更新。另外随着药物临床研究的进展,药品目录也需要进行相应的动态调整。应用《中国医疗机构药品评价与遴选快速指南》中的评分工具得到的药品评分结果是不断变化的,需要经常更新,以便调整目录。

总之,根据 DIP 的特点,对新审批上市、疗效较已上市药品有显著改善且价格合理的药品,新进入国谈、国家集采药品目录的药品等,可适时启动调入程序。医院药品目录应重点调出被国家药监部门撤销文号的药品、国家药品不良反应信息通报的品种、质量公告不合格的相关产品、临床价值不高,以及有风险效益比或成本效益比更优的品种替代的药品。为控制药品费用,更好的实施 DIP,建议医疗机构将一些临床价值不高、滥用明显的辅助性治疗药品调出,尤其是重点监控药品目录中的药品。不断对目录进行优化调整,从而建立医院药品目录遴选的良性循环。

第三节　规范临床用药行为及案例

一、基本要求

规范临床用药行为是 DIP 支付下药师充分发挥药学专业技术职能和合理用药管理职能的重要工作。在 DIP 支付下,药师应秉承"安全、有效、经济、适当"的合理用药基本原则,对临床用药的规范性及适宜性进行评价,杜绝诱导需求、过度医疗。药师须切实深入临床、参与药物治疗全过程,协助临床医生优化治疗方案,减少医疗费用、提高治疗效率。建立合理用药规范,并利用信息化手段规范临床用药行为,实现对 DIP 用药异常情况的自动发现、自动提醒,主动干预。

二、准备工作

建立基于 DIP 要求的合理用药管理组织,详见本章第一节。

(一)建立药师工作站

药师工作站需要具备处方审核、处方点评、药物信息查询、抗菌药物管理、电子药历、用药风险拦截等功能,覆盖全院临床科室。系统还需具有分析及统计功能,可以实时、按月 / 季 / 年度对院内医保用药情况进行分析,对存在问题及时反馈临床并提出解决措施。

(二)开展合理用药培训

一方面加强药师培训,尤其是临床药师、审方药师和信息药师的培训,使其充分理解医保政策及 DIP 支付规则,通过培训加强药学服务能力;另一方面加强对临床医生的培训,使其接受药物使用"安全、有效、经济"并重的理念,理解并执行医院制定的各项促进合理用药的方案和措施,熟练掌握医院开发的各种促进合理用药的信息工具等。

三、具体实施

临床用药问题包括无指征用药、需要增加药物治疗、治疗无效、药物剂量不当(过低/过高)、出现药物不良反应等,这些问题都可能导致病人接受临床治疗的效率降低或出现额外的诊疗需求。药学服务正是通过在病人接受药物治疗前或药物治疗过程中发现和避免上述不合理用药现象来减少这些额外成本,达到控制药品费用的效果。

(一)处方审核

处方前置审核指借助于处方审核系统将"用药合理性实时审核功能"嵌入医院 HIS 中,使医生开具处方之前,基于医保政策与审核规则进行实时、快速的事前审核,药师对系统预审筛选出的问题处方进行复审,与医生实时在线沟通干预,做到问题处方及时拦截、处理,从源头上减少用药错误的发生,规范临床用药行为,有效将用药风险拦截在处方形成之前,保障病人用药安全,达到医保控费的目的。处方审核工作大致分为系统规则库梳理、项目实施、审方流程三个阶段。

1. 系统规则库梳理 合理用药系统规则库是以海量的科学、权威医药学数据库为支撑,运用信息技术实现药品的审方规则,包含:医保用药、用法用量、超适应证、禁忌证、不良反应、药物与检验检查、药物配伍、特定人群、抗菌药物管理审查等等。规则库的制定和完善程度决定着审方的质量,因此药师需建立符合 DIP 政策要求的审方规则库。除参考药品说明书、循证指南等信息外,还需结合国家医保政策、当地医保规定、DIP 规则等要求制订,同时应根据实际审方情况进行规则库的优化和动态调整,规避假阳性、假阴性的情况,提高审方效率。

审方系统上线前,将合理用药系统对接 HIS,对临床医嘱进行全面审查,收集不合理用药的信息,组织专业药学人员对不合理用药问题进行梳理,确定审方规则的合理性和适用性,以便对规则库做本地化的维护,解决"假阳性"问题。同时结合定期处方点评,对系统未能审查出来的问题进行规则维护,以解决"假阴性"问题。

2. 项目实施 由药学部牵头、医院相关职能管理部门协助,定期推进审方上线工作,深入临床科室进行面对面的沟通和手把手的培训。

3. 审方流程 医生开取处方/医嘱时将自动触发规则库进行系统审查。审查完成后,系统向医生弹框显示警示信息。原则性问题被直接拦截,医生只能返回修改;其他问题医生可以自行判断选择返回修改或提交到药师处审查。药师收到医生提交的处方后,在线进行审查处置,处置方式包括通过、医生双签执行、双签后提交至药师处复核以及拒绝发药要求医生必须修改,并随时可以与医生进行在线沟通(图 9-2)。

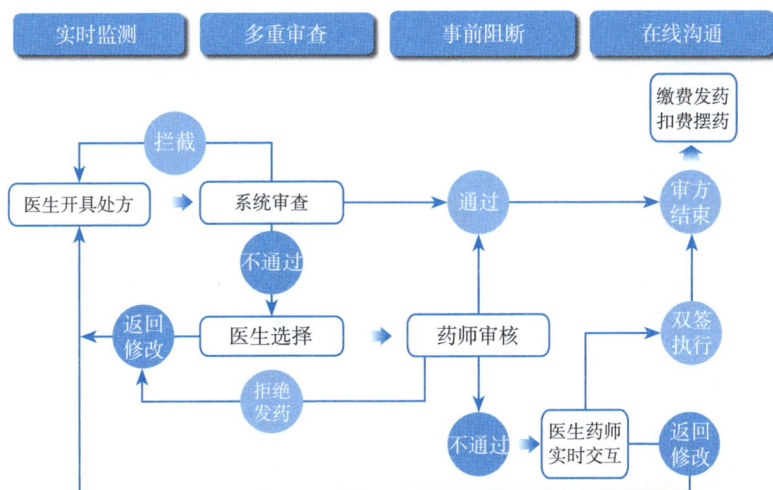

图 9-2　处方前置审核流程图

(二)处方点评

药师需要对 DIP 异常值的病例用药情况进行分析点评,具体操作如下:

首先,药师确定需要点评的 DIP 异常病例,从费用超高病例中筛选出药占比、抗菌药物、重点监控药品、肠内肠外药品、PPI 类药品等使用金额占比较高的作为目标病例进行用药点评。

其次,根据相关法规、技术规范,如《处方管理办法》《医院处方点评管理规范(试行)》、药品说明书、用药指南、专家共识等依据进行点评。处方点评的内容应围绕用药的合理性、经济性,以及是否存在滥用等进行。

最后,药师发现存在或潜在的问题,制订并实施干预和改进措施,定期组织药学、临床医学、医疗管理、医保管理等多学科专家,共同审核处方点评结果,根据点评结果,对超 DIP 费用标准的病种存在的问题,进行汇总和综合分析评价,提出质量改进建议。

(三)建立单病种治疗的药物使用临床路径

单病种临床路径中药物使用对保障医疗质量和控费十分重要,与医保支付方式改革的政策预期一致。医院要不断完善 DIP 与临床路径的平衡机制,达到"1+1>2"的政策联动效果。充分融合 DIP 特色与临床路径,是未来医保支付方式改革的研究方向之一。

临床药师参与临床路径管理的工作大致分为制订、实施、持续改进三个阶段(图9-3)。

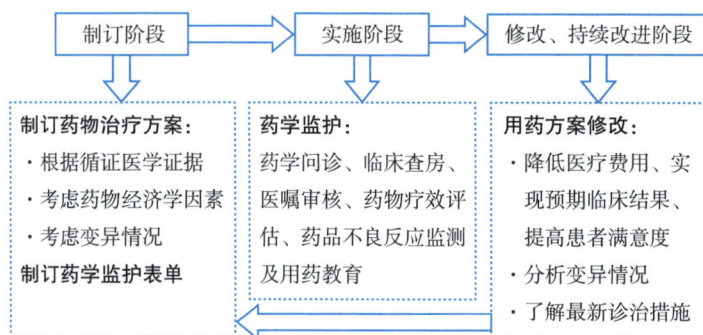

图 9-3　临床药师参与临床路径管理工作流程图

在制订阶段,药师首先需要依据国家卫生健康委员会颁布的临床路径中"治疗方案与药物选择"部分,结合相关病种的临床诊治指南、专家共识以及国内外相关循证医学证据,按经济、安全、有效的原则制订适合该病种的最佳药物治疗方案;同时制订单病种的药学路径表单,明确临床药师在不同时间段(入院、住院、出院、随访)需要对病人实施的主要药学工作以及药学监护重点。

在实施阶段,临床药师的主要职责是进行全程药学监护,包括:药学问诊、临床查房、医嘱审核、药物疗效评估、药品不良反应监测及用药教育,保障用药安全,减少药物不良反应。

在持续改进阶段,临床路径是根据医学知识对某种疾病制订的最优治疗方案,须根据实施效果、医学知识及医疗技术的发展不断完善。临床药师观察临床路径管理结果,正确分析变异中用药相关因素,对偏离路径的时间、处置以及对治疗效果及住院日等的影响做好记录并分类,评估和分析与用药相关的偏离路径的原因;了解相关疾病的最佳诊治措施,及时将新的、更有效的用药方案引入临床路径。

案例:2 型糖尿病临床路径　在药物治疗方案制订阶段(表9-3),第一诊断为 2 型糖尿病(ICD-10:E11.2-E11.9)进行高血糖控制及血管并发症筛查,药物优先选择国家集中采购品种、基本药物品种,排除国家重点监控目录品种,综合指南及专家共识,结合临床实践,对院内现有降糖药、伴发疾病治疗的药物进行疗效以及经济学评估,选择价格适宜、质量可靠的药品,并规范药物用法用量。

表 9-3　2 型糖尿病药学路径表单

适用对象第一诊断为 2 型糖尿病（ICD-10：E11.2-E11.9）

病人姓名：		性别：		年龄：		体重：		住院号：

住院日期：		出院日期：标准住院日：≤14d		

时间	住院第 1～2 天	住院第 3～7 天	住院第 8～13 天	出院日
主要药学监护工作	□药学问诊：询问病史及用药史 □依从性评估：填写入院药学评估单，确定药学监护级别 □参与初始药物治疗方案设计，制订初始药学监护计划 ◇疗效监护 ◇不良反应监护 □开展病人用药教育及健康宣教 ◇胰岛素注射方法及保存 ◇口服药物用药时间及用法 ◇饮食宣教 □药物相关性事件的监护与处理	□参与医学查房，开展药学查房，开展用药咨询服务 □查看各项检查结果，评估病人并发症情况，参与并发症药物治疗 ◇口服药物或胰岛素的调整 ◇降压药、调脂药及其他药物调整 □对药物变更的评价与监护 □建立重点跟踪病人药历首页 □审核医嘱，评价用药合理性，提出用药建议	□药学查房，评估治疗效果 □用药指导 □对药物变更的评价与监护 □药物相关性事件的监护与处理 □完成重点药历日志记录	□药学查房，明确是否出院 □用药咨询服务 □参与制订出院带药方案 □进行病人出院教育 □完成重点药历书写
重点	□入院后药学问诊及依从性评估 □参与初始药物治疗方案设计 ◇治疗药物适宜性评价 ◇参与重点病人药物治疗方案设计 □落实用药监护计划 ◇病人用药依从性评价 ◇药品使用注意事项、禁忌 ◇药物相互作用 ◇药品不良反应防范与处理措施	□严格执行药学监护内容 ◇血糖、血压、血脂等指标监测及目标值 ◇药品使用注意事项、禁忌 ◇药物相互作用 ◇药物不良反应防范与处理措施 □治疗药物变更方案评价 ◇治疗药物适宜性评价 □完成重点药历日志记录	□治疗药物变更方案评价 ◇停泵后，治疗方案制订 ◇治疗药物适宜性评价 □落实用药监护计划 ◇病人用药依从性评价 ◇药品使用注意事项、禁忌 ◇药物相互作用 ◇药品不良反应防范与处理措施	□参与制订出院带药方案 ◇出院带药药物适宜性评价 □进行病人出院教育 ◇制订出院带药教育单并交给病人 ◇健康宣教及告知自我监测指标 ◇评估是否随访：◇是◇否
ADR 记录	□无□有描述：	□无□有描述：	□无□有描述：	□无□有描述：
变异记录	□无□有原因：	□无□有原因：	□无□有原因：	□无□有原因：
药师签名				

在实施阶段，根据中国医院协会《医疗机构药学服务规范》，对入径病人进行药学监护级别分级。依据药学路径表单进行全程化的药学问诊、临床查房、医嘱审核、药物疗效评估、药品不良反应监测及用药教育。

在修正与持续改进阶段，将国家集中采购品种如二甲双胍、阿卡波糖、格列美脲等对应的中标厂家品种及时纳入路径，非中标厂家移出路径。定期统计临床路径变异情况，分析原因，对方案进行修改；了解相关疾病的最佳诊治措施，及时将新的、更有效的用药方案引入临床路径，如 GLP-1 受体激动剂、SGLT-2 抑制剂。

（四）分类建立药物使用的临床路径

除单病种治疗药物使用临床路径外，医院还应分类建立药物使用的临床路径，例如：抗菌药物临床使用的路径、质子泵抑制剂（proton pump inhibitor, PPI）药物临床使用的路径、抗肿瘤药物临床使用的路径等，并融入到医院信息系统中，实现临床用药的精细化管理。

药物临床路径制订应贯穿药物使用全过程，有效实现用药前干预、用药中管理、用药后评价。具体步骤：①根据国家或权威学会制定的指导原则、专家共识或使用规范等，结合循证证据与临床实践，与临床科室讨论共同制定院内药物使用的细则，对药物选择、用药时机、用法用量、用药疗程等内容进行规范，细则制订需结合医保支付要求，如对于注射剂型的 PPIs，仅限有说明书标明的疾病诊断且有禁食医嘱或吞咽困难的病人使用。②将细则整理成临床路径，并将临床路径融入到医院信息系统中。③路径实施前应对相关人员进行路径解读和信息系统操作方法的培训。④路径实施后应定期对临床科室路径执行情况进行分析和点评，点评结果上报医务部门，医务部门将药物使用中存在问题反馈临床科室，督促整改。⑤根据最新的循证医学证据，以及临床科室在执行过程中反馈的问题，定期对细则进行修订，通过 PDCA 循环优化流程，促进药物路径的不断完善。

案例 1：抗菌药物临床使用的路径 抗菌药物不合理使用是一个全世界关注的公共卫生安全问题，不仅导致细菌耐药率的增加，更会导致病人治疗失败、住院时间延长、治疗成本增加甚至死亡。抗菌药物不合理使用是影响住院费用的主要原因之一，可使病人住院费用增加 1.55 倍。国家卫生管理部门一直高度重视抗菌药物的临床应用管理，抗菌药物使用强度也是医院绩效考核的重要指标。医院应根据本院病种制订适宜的抗菌药物临床使用路径（图 9-4），包括用药目的选择、感染风险因素评估、品种选择、使用剂量、用药疗程、效果评估等，并通过信息系统实现。

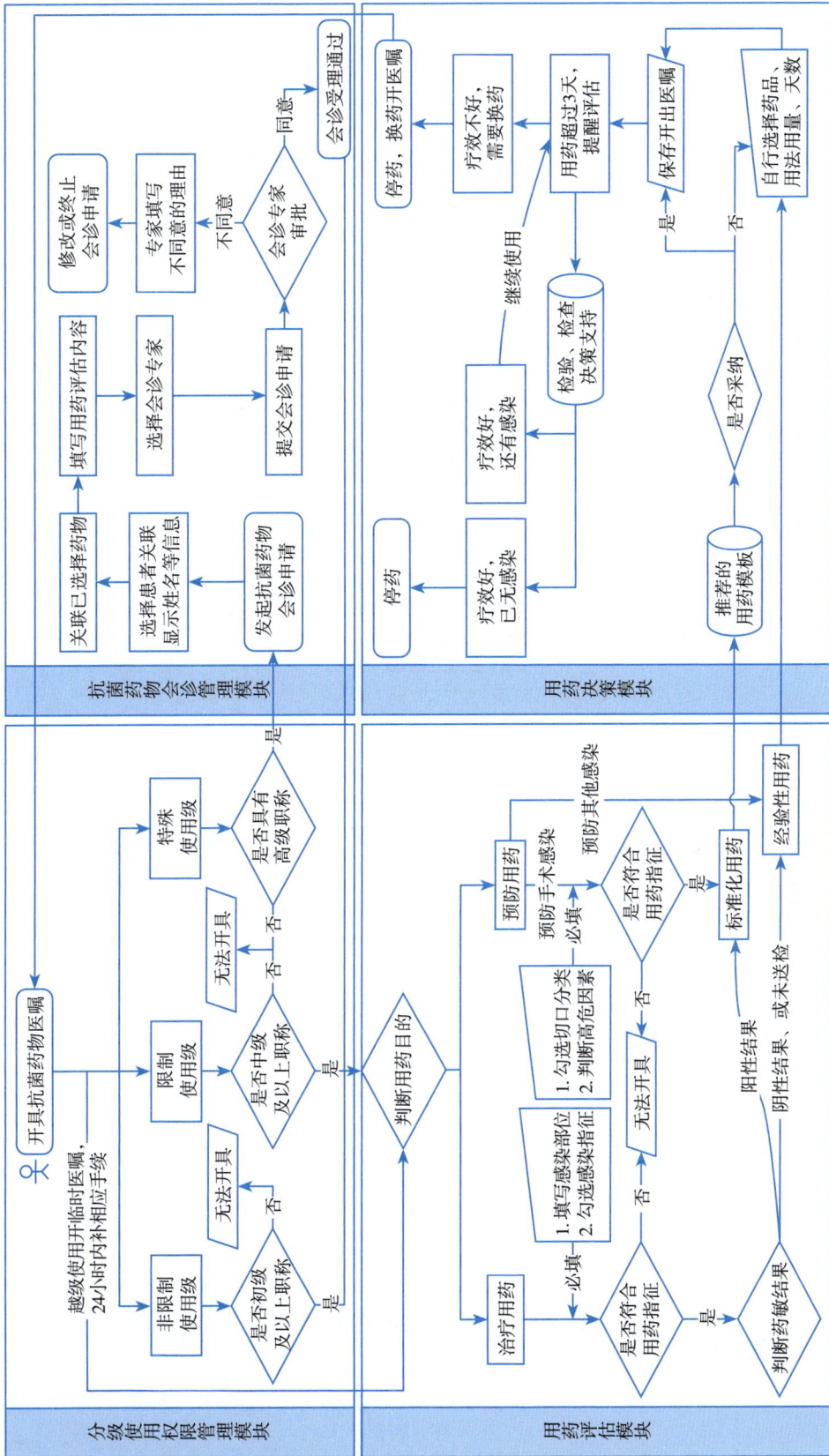

图 9-4 抗菌药物管控流程图

案例2：质子泵抑制剂（PPIs）临床使用路径 监测数据表明，全国范围内普遍存在PPIs滥用情况，特别是在预防性用药方面，表现出无指征用药、超适应证用药、疗程长、可口服开静脉用药等问题。国家有关部门对PPIs合理应用的监管力度不断增大，并明确规定PPIs使用占比作为医院药学管理质控指标。医院应根据院内病种制订适合本机构的PPIs临床使用路径（图9-5），包括用药目的（治疗或预防）、适应证评估、预防用药风险评估、给药途径（静脉用药指征）、用药疗程等，通过信息系统实现。

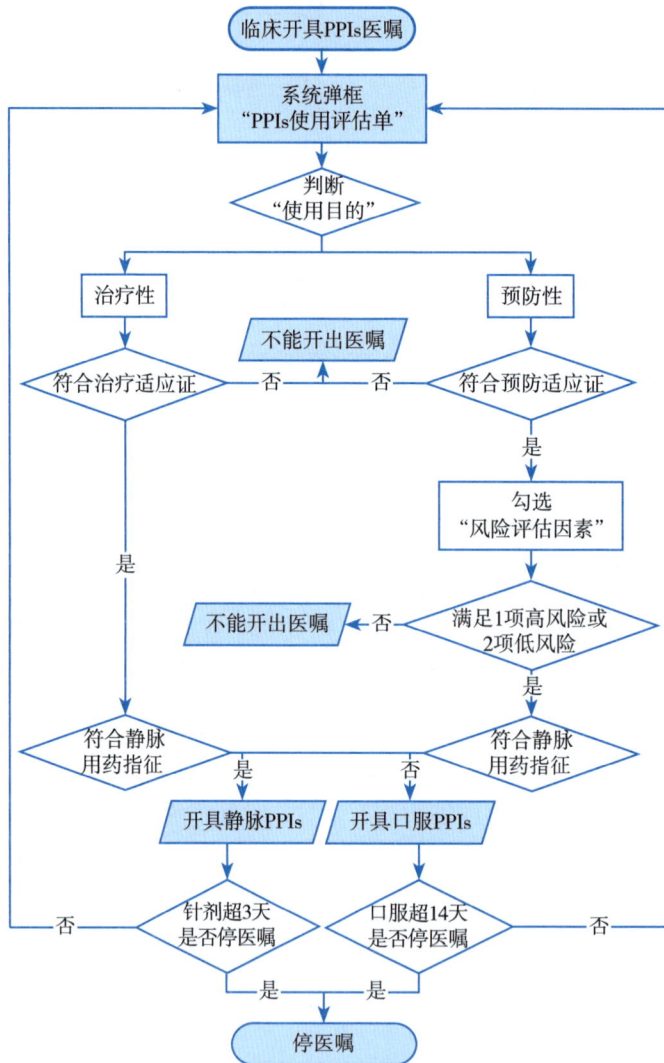

图9-5 PPIs专项管控流程图

(五)开展重点监控药品专项管控

重点监控药品指对疾病治疗非必需,临床疗效证据不充分,价格高、用量大,或临床治疗必需,但滥用明显、无特殊原因出现用量异常增长或频繁发生药物不良反应的药品。一般包括免疫调节剂、神经营养剂、活血化瘀类药物、中药注射剂、抗肿瘤辅助用药等。

重点监控药品的管理(图 9-6),首先需要制订医院重点监控药品目录,其次严格把握用药指征。对列入重点药品监控目录的药品实行限量采购、限量使用,对无特殊原因使用率异常增长品种,进行处方点评,存在严重不合理使用情况,可采取暂停采购措施。上述管理流程需通过信息系统实现。

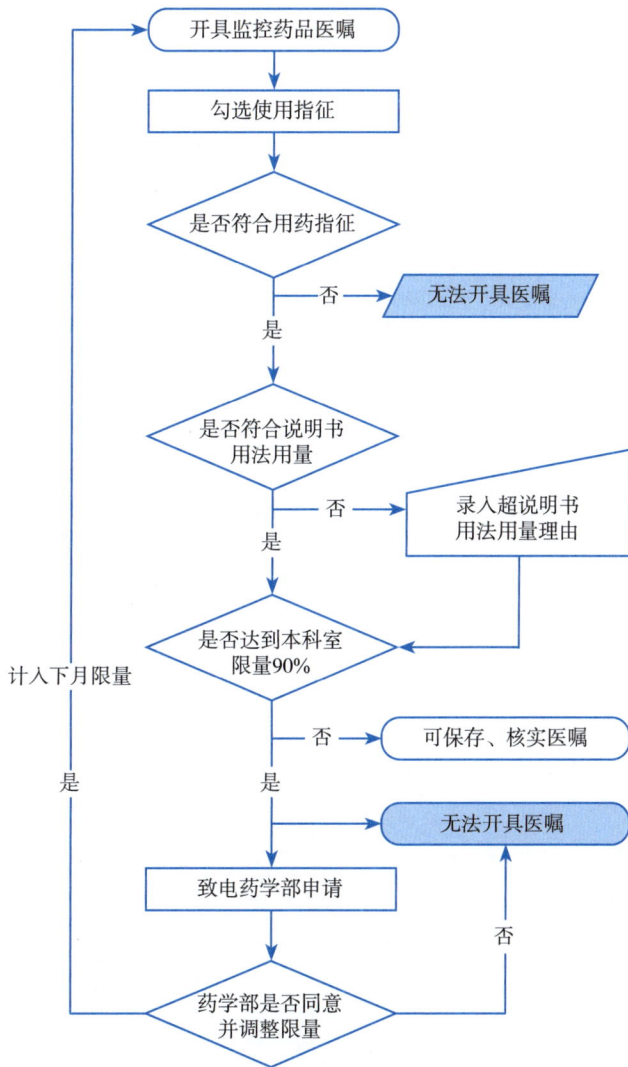

图 9-6　重点监控药品管控流程

　　重点监控药品目录可参考国家、各省市重点监控品种目录，结合医院药品采购金额、使用量等制订，每年根据全院药品使用情况对目录进行动态调整。重点监控药品用药指征以药物说明书为主，结合循证证据与临床实践，与临床科室讨论共同制订。对说明书适应证宽泛的非治疗性辅助药物，应制订院内用药规范，明确规定临床使用条件和原则，限制适应证内容，必要时可限定用药科室。

第十章

医用耗材管理实施细则

2019 年开始实施的高值医用耗材改革,取消医用耗材加成政策,标志着耗材管理成本完全成为医疗机构的运行成本。在 DIP 支付方式实施之后,非自费的医保目录内耗材完全成为 DIP 病种的成本。值此背景下,定点医疗机构需加强耗材管控,降低耗材的直接成本与管理成本。

第一节　医用耗材管理部门在 DIP 实施中的角色定位

医用耗材管理部门在医疗机构中负责医用耗材的遴选、采购、验收、存储、发放等日常管理工作。实施 DIP 支付模式,通过"结余留用、合理超支分担"的激励机制,医疗机构的发展方式从规模扩张转向提质增效。医用耗材管理部门应联同医疗管理部门进行医用耗材临床规范使用管理,落实《医疗保障基金使用监督管理条例》要求,促进医疗保障基金合理使用,推动医用耗材的规范化、精细化管理,通过多种手段减少 DIP 支付模式下的医用耗材费用在医疗费用中的占比,提高医保基金使用效率,促进医院高质量发展。

第二节　医用耗材目录准入管理

一、基本要求

(一)医用耗材管理架构

二级及以上医院的医用耗材管理采取医用耗材管理委员会、医用耗材管理职能部门、使用科室三级管理。基层医院应成立医用耗材管理组织。

医用耗材管理委员会由具有高级专业技术职务任职资格的相关临床、医技科室人员以及医用耗材、医务、财务、医保、信息、纪检监察和审计等部门负责人组成。主要职责如下。

1. 贯彻执行医疗卫生及医用耗材管理等有关法律法规，制定医疗机构内部医用耗材管理规章制度并监督实施。

2. 建立医用耗材遴选制度，审核科室提出的医用耗材新增、品种调整、供应企业调整等申请，建立院内医用耗材供应目录台账。

3. 推动医用耗材临床应用指导原则的制订与实施，监测、评估院内医用耗材使用情况，提出干预和改进措施，指导临床合理使用医用耗材。

4. 评估、分析医用耗材使用的不良事件、医用耗材质量安全事件，并提供咨询与指导。

5. 监督、指导医用耗材的临床规范化管理。

6. 对临床科室医用耗材的使用情况进行监测，对重点医用耗材进行实时监控。

7. 对临床进行合理使用医用耗材知识教育培训，规范临床医用耗材使用行为，同时向病人宣传合理使用医用耗材的重要性。

8. 与医用耗材管理相关的其他重要事项。

医院应当设立具体的医用耗材管理部门，负责医用耗材的准入遴选、物流仓储、追溯与不良事件等日常管理工作。使用科室应设立专职或兼职的医用耗材管理人员，负责本科室医用耗材库管理、组织医用耗材使用培训，并做好使用登记管理、不良事件上报等工作。

（二）医用耗材管理规章制度

遵循医用耗材管理相关法律法规、政策文件的要求，建立健全医院医用耗材管理制度体系，建立配套的工作方案和流程，并定期根据管理需要、实际情况进行修订、调整。

二、准备工作

（一）建立医用耗材管理工作机制

医院医用耗材管理的各级组织、相关部门及人员应当根据医用耗材管理规章制度，履行职责。医用耗材管理委员会是医用耗材管理的组织机构，应建立并落实覆盖医用耗材全生命周期的工作制度，形成管理闭环。

(二)组建专家库

医用耗材管理委员会组建院内专家库,参与医用耗材目录准入和遴选工作。原则上,应选择副高级及以上专业技术职称的人员列入专家库,二级医院视实际情况增加部分中级专业技术职称人员进入专家库,基层医院的专家库人数根据实际情况自行确定。同时,行政管理部门的专家也应按工作需要加入专家库。专家库定期调整,有特殊情况可经医用耗材管理委员会同意后进行临时调整。

(三)建立医用耗材遴选方案

医用耗材管理部门广泛征求医务、财务、医保、院感、护理、纪检等部门的意见和建议,围绕合法、安全、有效、适宜、经济等指标,建立符合医院实际、多维度的医用耗材遴选指标或准入原则。制订遴选实施方案,并经医用耗材管理委员会通过后实施。

(四)建立医用耗材目录

医用耗材管理委员会负责制订医用耗材供应目录和品种目录,供应目录包括医用耗材名称及其生产、经营企业,品种目录包括医用耗材名称及其生产企业。医用耗材目录的制订应参考《基本医保医用耗材目录》和集中带量采购的医用耗材品种,并定期调整,调整周期由医用耗材管理委员会确定,卫生技术评估结果可作为准入和目录优化的依据。纳入目录的医用耗材,根据国家药监局印发的《医疗器械分类目录》明确管理级别——Ⅰ级、Ⅱ级和Ⅲ级,实施动态、分级的管理措施。对医用耗材目录品种进行编码,实施一物一码管理。

(五)制订培训计划

医用耗材管理部门制订针对从事医用耗材管理相关工作人员的培训计划,包括但不限于:医用耗材相关的法律法规、规章制度,医院内部的工作方案和工作流程等。使用科室根据需要,开展本科室医用耗材使用说明书、操作规范、使用指南的培训。

三、具体实施

准入管理具体实施流程可见图 10-1。

(一)提出申请

专科专用的医用耗材,使用科室根据科室发展规划、专业技术能力、耗材成本收益等多角度论证后,在进行充分市场调研、论证院内同类产品或诊疗方式的基础上,根据实际需求向医用耗材管理部门提出引进医用耗材名称及其生产企业的申请，申请包含但不限于成本效益分析、收费情况和 DIP 耗材费用占比等数据。

多科室使用的医用耗材，由一个或多个使用科室充分论证后提出申请，医用耗材管理部门抽取院内专家库中相关专业的专家，针对申请提出意见或建议。对于新技术新项目，使用科室应先向医务管理部门申请开展，通过审批后再申请相关医用耗材。

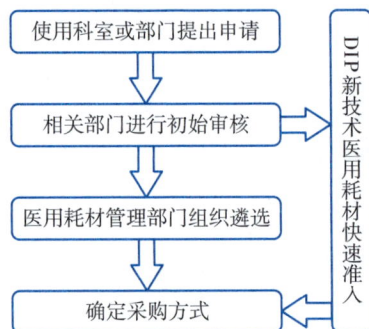

图 10-1　准入管理具体实施流程

（二）初始审核

医用耗材管理部门受理申请，协同医务、医保、财务等相关部门，从专业方向出发，秉持合法、领先、经济、适用的原则，在收费政策、同类产品性价比、DIP 耗材预计分值、是否纳入国家基本医保医用耗材目录等方面对使用科室提出的申请进行初步审核，为医用耗材管理委员会的决策提供依据。

对开展的新技术新项目，要测算相应 DIP 病种平均医疗总费用和平均耗材费用占比，对医疗费用高、耗材费用占比高的项目适当限量。在病种分值校正中，医疗机构根据当地医保结算政策，通过专家评议、医保医院协商等方式，推动创新医疗技术纳入病种目录库，并制订合理分值。

（三）组织准入遴选

医用耗材管理部门组织对使用科室提出的申请进行遴选，从院内专家库随机抽选专家进行审议，已纳入国家或省市医用耗材集中采购目录的，应从集中采购目录中遴选。评审专家抽选实行利益关系回避制度，评审专家根据医用耗材准入原则、遴选指标进行审议。

（四）确定采购方式

依据相关法律、法规和规章制度，医疗机构对通过遴选的产品，采取适当的采购方式，确定需要采购的产品、供应商及采购数量、采购价格，纳入医用耗材供应目录。在国家和省市集中采购目录范围内的耗材，按集中采购相关规定执行。医用耗材供应目录需经医用耗材管理委员会通过，采购前签订书面采购协议，集中采购的品种在采购平台上签订采购协议。

严格管理临时性医用耗材采购，控制临时采购的用量及次数，并根据医院实际情况，规定审批流程和审批权限。基于 DIP 支付政策，医院应侧重采购性价比高的耗材，减少 DIP 耗材费用占比。医用耗材的采购及相关事务由医用耗材管理部门统一管理，其他科室不得从事医用耗材的采购活动。

第三节　医用耗材物流管理

一、基本要求

根据《医疗保障基金使用监督管理条例》要求,医院严格按规定进行出入库管理,保留出入库记录等资料,推进医用耗材的规范化、精细化管理。医用耗材管理部门设立日常采购、质管、仓管、档案管理等岗位,根据医院规章制度制订日常采购、验收仓储、发放、申领使用等工作的细则,明确岗位职责、工作流程及监督机制,细则经医用耗材管理委员会批准后执行。

有条件的医疗机构可通过医用耗材管理、信息、财务、临床、医技多部门合作共建医用耗材管理信息平台,严格执行一物一码,实现日常采购、验收、入库、仓储、盘点、申领、出库、使用、超常预警等医用耗材全生命周期的闭环管理。医用耗材管理信息平台与医院其他相关信息系统整合,达到信息互联互通。

二、准备工作

(一)建立医用耗材日常采购、发放管理工作机制

建立以医用耗材管理部门领导的,日常采购人员、发放人员和使用科室指定专人参与的工作机制。充分利用信息化手段,实现从提出申领需求、制订采购计划,到发放和领用的有效沟通反馈。

(二)制订常用医用耗材领用标准

医用耗材管理部门组织财务、医务、医保等相关部门,根据医院实际情况,参照使用科室历年领用数据,共同制订常用医用耗材领用标准。该标准应既能满足工作需要,又不形成积压。年领用标准纳入医院年度预算管理,执行情况实时监督、及时反馈。

三、具体实施

(一)申领

医用耗材使用科室由专人负责填报医用耗材申领计划,采购计划数量以领用计划标准为依据,超出标准需另行申请。耗材管理部门根据申领计划合理安排各类医用耗材的采购频次,使用量大的低值医用耗材、通用类的高值医用耗材和体外诊断试剂,二、三级医院可一月多次进行采购;基层医院可做好中期采购

计划,原则上一月采购一次;对于在核算上实施零库存管理的高值医用耗材,需结合使用科室的需求确定采购频次。

(二)验收

医用耗材管理部门负责医用耗材的验收、盘点、仓储,验收人员严格执行验收工作细则,须熟练掌握医用耗材验收标准,在规定的验收区内按验收程序进行操作。医用耗材须经验收合格后方可入库,不得私自验收未经医用耗材管理委员会准入审核的医用耗材,对医用耗材采购、评价、供应商及资质文件变更、验收等过程中形成的报告、合同、评价记录等文件需要建档和妥善保存。

(三)仓储

医用耗材管理部门设置符合医用耗材储存标准要求的场所作为库房。根据仓储管理工作细则,定期检查、盘点,做好仓储、盘点记录,达到账物相符、账账相符。

(四)发放

医用耗材管理部门根据发放工作细则,对使用科室提交的申领计划进行发放,使用科室指定的专人复核后,与发放人员共同确认,发放的相关记录应妥善保存。医用耗材出库后,由医用耗材的使用科室负责管理,指定专人负责本科室医用耗材二级库的管理,避免低值医用耗材浪费,做好高值医用耗材的定期盘点和使用登记。

第四节　医用耗材规范使用

一、基本要求

医务管理部门负责医用耗材的临床使用、监测、评价等专业技术服务日常管理工作。通过加强医疗管理,促进临床合理使用医用耗材。在 DIP 支付模式下,医院要提高医疗质量,及时建立医用耗材使用的监控与评价制度,对医用耗材效益、台账资料、诊疗路径等实施全方位监测等措施,对提升医疗服务能力、规范医疗行为、提高医疗质量、优化医院内控具有重要意义。

二、准备工作

成立院内医用耗材临床规范使用管理工作小组,负责组织、协调医用耗材日常使用监督管理工作,分析、评价医用耗材使用合理性,对存在的问题提出改进和处理意见。

完善信息化建设。通过信息系统动态跟进临床科室医用耗材使用情况,从DIP支付结余与医用耗材使用情况着手,分析专科病种诊疗方式与费用结构的关系,推动医用耗材的精细化管理,科学合理地控制医疗费用。

通过病案质量、日常诊疗行为监管进行医用耗材规范使用监测分析,定期比照基线调查数据进行评价,通过规范临床诊疗行为,提高医疗质量,从而提升医用耗材的管理。

三、具体措施

(一)实施临床路径管理

如前所述,临床路径是一种标准化的治疗模式,有效减少诊疗差异。医疗机构应细化完善各病种临床路径及分路径,积极探索基于临床路径的病种成本核算体系,完善相关的临床诊疗规范和指南并积极引导医生选用性价比高的医用耗材,建立一套合理的医用耗材使用临床路径,既做到控费又保证医疗质量。

(二)加强病案质控管理

管理部门定期开展高值医用耗材病案点评,从病案中摘取适应证和医用耗材使用情况,对医用耗材的规范性和临床适宜性进行评价,结果全院通报并与绩效考核挂钩,通过对医用耗材使用的精准约束机制,有力地推动医用耗材的合理使用。

(三)加强医用耗材管理信息化建设

医院通过信息技术构建清晰完整的医用耗材精细化管理体系,动态综合评估医用耗材使用,不仅统计医用耗材的量化指标,同时对医用耗材使用整个过程给予监督、控制。医用耗材精细化管理系统应对接医院其他基础业务数据系统,实现病人信息、诊疗信息、费用信息和医用耗材信息的相互关联,构建以医疗质量为中心的医用耗材管理模块,纳入诊断、治疗方式、恢复功能时间等多项医疗质控指标予以综合分析。

(四)加强绩效考核管理

医院可以考核绩效的手段,实行完善医用耗材管理院科两级核算,开展科室使用情况的院内外横向对比,引导科室提升医用耗材使用合理性。同时建立临床科室医用耗材规范使用管理绩效考核制度,制订考核指标,并定期考核。

第五节　医用耗材成本控制

一、基本要求

医用耗材管理部门组织医务、财务、医保等部门成立医用耗材成本控制管理小组，实施 DIP 支付下医用耗材成本管理，充分利用医用耗材管理信息平台，从成本控制的角度（人、财、物、流程等），提出工作计划和改进措施，优化医用耗材管理流程，提高管理效率。医用耗材成本控制管理小组需制订符合医院实际的工作方案和工作流程，开展准入遴选成本管理、物流仓储成本管理，形成及时的沟通和反馈机制。

二、准备工作

（一）树立成本控制意识

DIP 支付下的医用耗材成本管理，离不开全员的参与。应更新医用耗材管理部门、使用科室相关人员的观念，从粗放式、规模扩张式运营机制，转变为注重内涵式发展和内部成本控制，多途径宣传降本增效的成本控制目标、公布反馈控制结果，树立全员成本控制意识。

（二）分析 DIP 医用耗材数据

调取分析医院历年单病种临床路径下的医用耗材基础数据，如医用耗材的使用量、总金额、DIP 支付下次均医疗费用及医用耗材费用占比等，为优化目录、降低采购价格提供数据支持和依据。

三、具体实施

（一）医用耗材目录的成本控制

医用耗材成本控制管理小组通过对院内医用耗材品种目录进行分类，组织开展目录准入和遴选的成本控制管理。《基本医保医用耗材目录》中的品种和集中带量采购的医用耗材品种应优先纳入医用耗材目录，减少使用同类未中标的品种。

具有替代性、一次性使用、不可收费的低值医用耗材，以成本核算为依据，在符合临床基本使用需求的前提下，控制纳入目录的同类品种数量，以量换价。可收费或专科使用的医用耗材，应综合分析适应证、收费情况、DIP 耗材费用占比，选择占比低的产品纳入品种目录。可采取成本效益分析、卫生技术评估等手段，在满足临床诊疗基本需求的基础上，优化医用耗材目录。

（二）降低医用耗材采购价格

医用耗材管理部门应采取多种手段降低采购价格，降低 DIP 耗材次均费用。已集中带量采购的品种，认真落实集中带量采购政策，结合医院实际，制订调整方案。未集中带量采购的品种，鼓励医院组建医疗联盟，实施集团带量采购，以量换价；相应缩短医用耗材的付款周期，提升议价能力，减少采购成本；做好医用耗材的市场调研，及时掌握市场价格变动，积极议价降价。对临时采购的医用耗材，加强采购价格管理，优先使用已经集中采购的品种，未集中采购的品种，应参考其他医院价格。

（三）加强医院一级库和二级库管理

根据医院实际，基础物资、流通量较大的物资和防疫急救物资，应适当保留库存，高值医用耗材应尽量在核算上采取零库存管理模式，减少资金占用和仓储管理成本。加快医用耗材信息化建设，通过医用耗材信息管理平台完成扫码出入库、仓储、盘点等工作，减少人力成本支出。

（四）加强重点医用耗材临床评价与监控

医用耗材临床规范使用管理小组应建立对重点医用耗材的临床使用评价体系与监督机制，强化对"关键少数"的监管。

1. 重点关注医用耗材使用金额排名靠前的科室，对于特定的耗材应严格适应证管理，限制使用科室，定期开展高值医用耗材临床应用的审核点评。

2. 重点关注关键医用耗材使用，结合国家高值医用耗材重点治理清单，梳理本院医用耗材领用或使用情况，并重点关注领用或使用金额较大或环比增长较快的医用耗材。

3. 重点关注关键领域医务人员，对于次均费用超出本院或本地区均值的医务人员，开展耗材使用合理性评估，进行病例追溯再评价，并根据结果进一步处理。

4. 制订绩效考核方案，鼓励医务人员提出有效降低耗材费用的治疗方案，以助遏制医用耗材费用的不合理增长。

第六节　院内医用耗材管理案例

样本医院在 DIP 支付制度改革背景下，采用物资供应链管理系统开展医用耗材精细化管理，以期达到医用耗材全流程管理和成本管控的效果。

一、管理技术手段

物资供应链管理系统借助协同采购物流管理理念对医院现有物资管理模式进行全面升级和优化，建立集物资采购、仓储管理、临床需求和使用、供应商管理、质量控制及财务管理为一体化的全新物资供应链管理体系，平台总体框架可参考图 10-2。

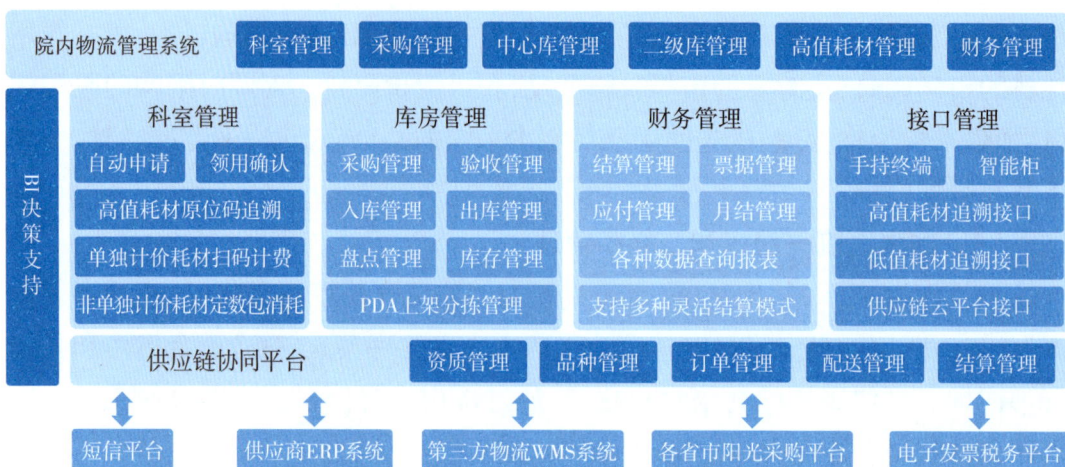

图 10-2　物资供应链管理平台总体框架

首先，建立起覆盖供应商、临床使用科室、物资管理部门及相关的财务、医保、物价部门之间一体化的供应链协同平台，实现物资从科室提出需求到采购、入库、出库，以及到流转到二级库房，直至最终使用的全过程管理。建立了供应商及其供货产品的监管体系，实现对供应商的三证、产品资质、产品信息等内容的规范管理，资质证照过期进行事前预警提醒，并且建立入库、出库和使用等环节的业务控制点，提升医用耗材的整体使用安全性。利用供应商网上协助平台，医院实现物资电子化采购，提升采供效率，为医院"零库存"物资管理提供重要支撑。

其次，实现医院高值及植入性耗材的全程规范化管理。从临床科室提交手术申请开始，到手术室审核、供应商准备、中心库房预验收、供应室清点消毒到手术室最终使用，全程采用条码进行跟踪管理，一改传统的事前使用、事后计账的模式，并建立符合医院实际管理的供应商备货、骨科跟台、急诊应用等耗材管理模式。提供对骨科跟台材料的全流程闭环管理的支持，支持择期手术、急诊备包、绿色通道等不同场景下的业务规范管理。支持对手术室内部的精细化管理，实现材料管理规范流程从手术室延伸到手术间内部，并为以后单台手术成本核算和医疗小组精细化绩效考核奠定数据基础。

最终，与 HIS、财务系统紧密整合，实现材料使用、计费、消耗、凭证付款一体化业务整合。在系统采购平台搭建 UDI[①] 编码、医保医用耗材编码主数据管理，实现院内耗材 UDI 编码与医保编码的实时验证。从而实现医院物流、业务流、财务流、信息流完整统一。

二、耗材成本管控管理应用

医院耗材管理部门对医用耗材使用情况进行监测，按月度分析耗占比、采购和订单数量，重点监测医用耗材用量高的科室和品种（图 10-3）。医保管理部门将耗材使用及费用情况归集到科室，与科室当月 DIP 点值总和对比，可计算每单位耗材费用，跨科室进行横向比较或按时间进行纵向比较。按科室消耗分析的策略方便在院科两级管理制度中监测管控科室耗材使用量，并将耗材使用与科室绩效挂钩。

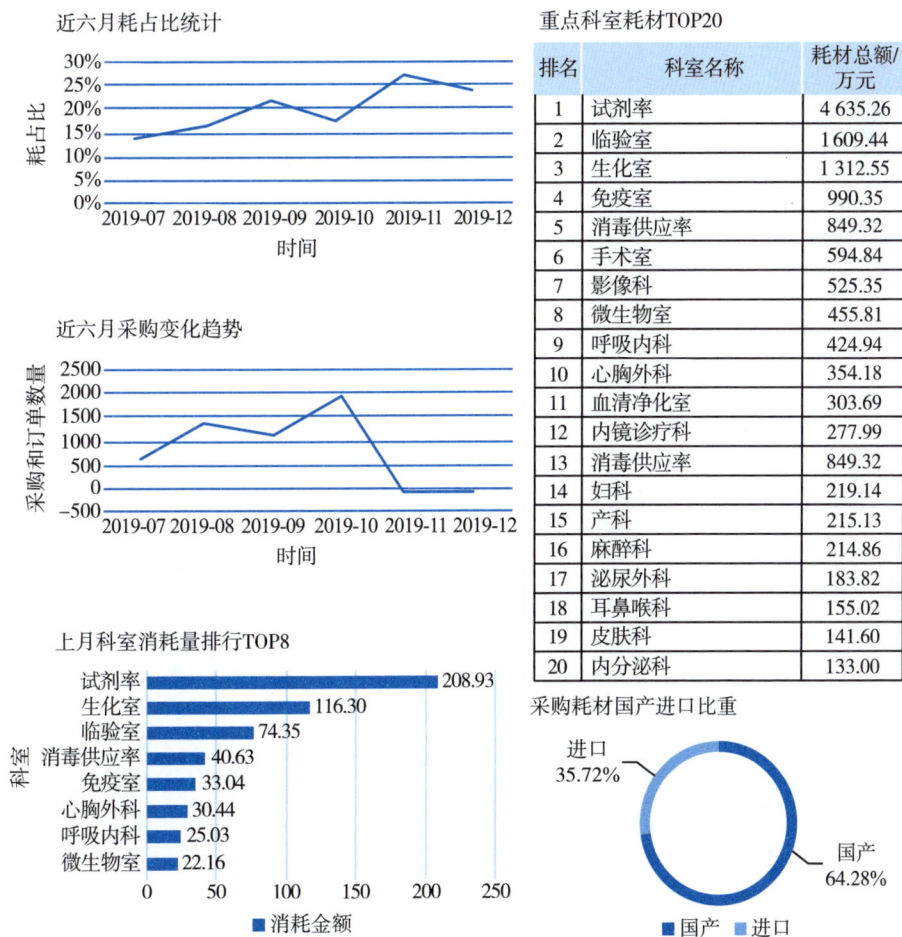

近六月耗占比统计

近六月采购变化趋势

上月科室消耗量排行TOP8

采购耗材国产进口比重

进口 35.72%

国产 64.28%

■国产　■进口

重点科室耗材TOP20

排名	科室名称	耗材总额/万元
1	试剂率	4 635.26
2	临验室	1 609.44
3	生化室	1 312.55
4	免疫室	990.35
5	消毒供应率	849.32
6	手术室	594.84
7	影像科	525.35
8	微生物室	455.81
9	呼吸内科	424.94
10	心胸外科	354.18
11	血清净化室	303.69
12	内镜诊疗科	277.99
13	消毒供应率	849.32
14	妇科	219.14
15	产科	215.13
16	麻醉科	214.86
17	泌尿外科	183.82
18	耳鼻喉科	155.02
19	皮肤科	141.60
20	内分泌科	133.00

图 10-3　耗材管理部门对耗材使用的监测

---

① UDI:Unique Device Identification,医疗器械唯一标识,是通过全球公认的器械标识和编码标准创建的一系列数字、字母或字符。

　　在耗材成本精细化管理工作中,耗材成本按病种归集分析。病种耗材成本计算方法植入信息系统,按病种统计人次数、耗材总金额、耗材使用的均值。临床科室抽出 DIP 病种耗材费用超过平均费用 50% 的病例进行事后分析,研判耗材使用的合理性,并提出相应的整改意见。

中英文术语名词释义表

中文名词	英文	释义	页码
按病种分值付费	Diagnosis-Intervention Packet, DIP	基于医保大数据中一定区域范围内的全样本病例数据,发掘"疾病诊断 + 治疗方式"的共性特征,对病案数据进行客观分类,构建每一个疾病与治疗方式组合的标准化定位,并以此为基础进行打包付费的医保支付方式。该支付方式客观反映了疾病严重程度、治疗复杂程度、资源消耗水平与临床行为规范水平。	1
病种组合	Diagnosis-Intervention	以"疾病诊断 + 治疗方式"为组合依据,综合衡量这一组合的疾病消耗与难易程度,是 DIP 支付的基础构成。	2
DIP 目录库	DIP Grouping Database	以"疾病诊断 + 治疗方式"为组合进行穷举与聚类所形成的基础库,分为主目录和辅助目录。	3
CCI 指数	Comorbidity and Complication Index	是一个用于衡量疾病并发症和合并症对医疗成本影响的辅助分型工具。该指数旨在解决当一个病例同时存在多个严重程度较高的并发症 / 合并症时,如何更准确地反映其对医疗成本的影响,以便进行精确支付的问题。	4
二次入院评分	Rating of Secondary Admission, RSA	二次入院反映的是相同诊断在区域内再次入院情况。基于病种进行测算,作为负向指标最终实现针对指定医疗机构病种层的调校。	4
低标入院评分	Rating of Low-RW Admission, RLA	低标入院主要针对可以经门诊治疗不需住院的病人,这部分病例 的病种分值(RW)通常很低,且住院天数很短。基于病种进行测算,作为负向指标最终实现指定医疗机构病种组合层的调校。	4
超长住院评分	Rating of Long Length of Stay, RLLDS	超出区域内每病种平均住院日 1 倍及以上的为超长住院病例,通过大数据方法计算超长住院病例在不同医疗机构的发生率,与区域标准形成比对,从而反映医疗机构疾病治疗管理水平、床位使用效率,以及资源利用的科学程度等。	4

续表

中文名词	英文	释义	页码
死亡风险评分	Risk of Mortality，RM	基于病种组合死亡率与均值的偏离程度，评估每个病种的死亡风险，通过其在不同风险分级总体病例中的占比，衡量病种组合中不该发生死亡病例的死亡率，借以判别医疗质量与救治能力。	4
核心病种	Core DIP Grouping Database	用医保版疾病诊断编码（ICD-10）前4位和手术操作编码（ICD-9-CM-3）进行聚类，病例数量大于等于15例（临界值）的分组作为核心病种。	5
综合病种	Mixed DIP Grouping Database	用医保版疾病诊断编码（ICD-10）前4位和手术操作编码（ICD-9-CM-3）进行聚类，病例数量小于15例（临界值）的分组作为综合病种。	5
DIP病种分值	Related Weight，RW	每一个病种组合的资源消耗程度被赋予的权值，是疾病的严重程度、治疗方式的复杂与疑难程度的相对体现。病种分值这一概念与疾病诊断相关分组中的相对权重相似。	5
DIP药品分值	Drugs Related Weight，dRW	依据全样本数据病例平均药品费用测算，是反映不同病种组合中药品消耗程度的相对值，数值越高，反映该病种的药品消耗越高，反之则越低。	5
DIP耗材分值	Medical Consumables Related Weight，cRW	依据全样本数据病例平均耗材费用测算，是反映不同病种组合中耗材消耗程度的相对值，数值越高，反映该病种的耗材消耗越高，反之则越低。	5
病例组合指数	Case Mix Index，CMI	按病种的住院病人次均医疗费用与基准病种医疗费用或所有出院病例的平均费用的比值进行加权平均。CMI指数与收治疾病的疑难危重程度呈正相关。	46
变异系数	Coefficient of Variation，CV	表示一个变量变异程度大小的统计量，为标准差与平均数比值的百分数。	93

常用专业名词释义表

常用名词	释义	页码
主目录	对疾病与治疗方式的共性特征的提炼,是DIP目录库的核心构件,包括主目录分级、主索引。	3
辅助目录	通过提取诊断、治疗、行为规范等的特异性特征得到,用于校正疾病严重程度及违规行为造成的支付失真。	4
费率	分值的付费标准,体现的是每一分值的货币价值。	6
临床路径	指以循证医学与临床指南为基础,针对某种疾病建立一套规范化、标准化的治疗流程与治疗模式,可保障医疗质量与安全。	13
自费率	指三大目录(基本医疗保险药品和耗材目录、诊疗项目目录、医疗服务设施标准)内等级为自费的医疗服务项目费用之和(含不符合限定范围用药条件的药品费用)与医疗总费用的比值。	31
费用极低病例	指该病例所产生的医疗总费用,在该病种上一年度同级别定点医疗机构的次均医疗总费用的50%以下。	33
费用超高病例	指该病例所产生的医疗总费用,在该病种上一年度同级别定点医疗机构的次均医疗总费用的200%以上。	33
高套分值	指医疗机构调整主诊断、虚增诊断、虚增手术等方式使病案进入费用更高分组的行为,是在使用DIP情况下欺诈骗保的一种常见方式。主要表现诊断升级和故意虚增手术或者操作。	38
编码低套	指医疗机构因诊断漏填、主诊断选择错误、手术漏填、主手术选择错误等问题导致病案进入较低病种的情况。主要表现为诊断低套和减少手术或者操作。	39
分解住院	指未按照临床出院标准、人为将一次连续住院治疗过程,分解为二次甚至多次住院治疗,或人为将参保病人在院际之间、院内科室之间频繁转科。	39

续表

常用名词	释义	页码
低标准入院	指将入院指征不明确，可以经门诊治疗，或住院期间进行体检式的检查但未进行实质性治疗的病人收入院以获得分值的情况，通常该病人获得的分值较低，且住院天数很短。	40
挂床住院	病人办理入院手续，住院期间长期不在院，但产生医疗费用并使用医保结算。	40